RELIGION

Eva Weber

Die Josefsgeschichte entdecken

Eine Unterrichtsreihe zum Sofort-Loslegen

Klasse 1/2

Verlag an der Ruhr

Titel
Die Josefgeschichte entdecken – Klasse 1/2
Eine Unterrichtsreihe zum Sofort-Loslegen

Autorin
Eva Weber

Titelbildmotiv
Brunnen: © drx – stock.adobe.com
Kinderkette: © Robert Kneschke – Shutterstock.com

Illustrationen
Kinderkette: © Robert Kneschke – Shutterstock.com

Druck
Athesia Druck GmbH, Bozen, IT

Verlag an der Ruhr
Mülheim an der Ruhr
www.verlagruhr.de

Geeignet für die Klassen 1–2

ISBN 978-3-8346-6527-0

„Gott macht alles gut!“ – können die Kinder der 1. und 2. Jahrgangsstufe dies nach der Unterrichtseinheit „Josef“ zu Gen 37–50 bestätigen, so könnte man meinen, mir als Lehrperson ist es gelungen, mein Ziel zu erreichen. Doch ist es wirklich so einfach? Macht Gott wirklich alles gut?

Ist es nicht eine himmelschreiende Ungerechtigkeit, wie Josef den anderen Brüdern vorgezogen wird? – Auch viele Kinder kennen diese Erfahrungen des Liebling-Seins, ob nun als ungerecht Behandelte oder als Vorgezogene.
Ist Gott denn wirklich da, als Josef verlassen in der Zisterne sitzt? – Auch viele Kinder kennen das Gefühl des Verlassenseins, der Machtlosigkeit.
Warum lässt Gott denn zu, dass Josef unschuldig ins Gefängnis geworfen wird? – Auch viele Kinder haben schon erfahren, wie es sich anfühlt, wenn man zu Unrecht beschuldigt wird.

Ist es also tatsächlich so, dass Gott alles gut macht? Ja – denn gerade in den Zeiten der Not und der Verlassenheit trägt Gott Josef, lässt ihn nicht allein und macht letztendlich alles gut.
Und ja – auch die Kinder dürfen dieses Wissen für sich übernehmen: Sie lässt Gott ebenfalls nicht allein, trägt sie durch schwierige Zeiten hindurch und macht alles gut – auch wenn es im durchlebten Augenblick ganz anders scheinen mag.
Haben die Kinder dies begriffen, so habe ich als Lehrperson mit der Unterrichtseinheit „Josef“ wirklich mein Ziel erreicht.

Um den Kindern dieses Begreifen zu ermöglichen, zieht sich die Erkenntnis des „Gott macht alles gut“ wie ein roter Faden durch meine Unterrichtsstunden. Durch **emotionales Miterleben** und mit viel Kreativität erleben die Kinder, wie Gott Josef und auch seine Familie begleitet. Und sie erfahren, dass diese **Zusage Gottes auch heute noch gilt** – mitten in ihrem eigenen Alltag.

Wegweisender Religionsunterricht

Religionsunterricht, der wegweisend ist – so stelle ich mir einen guten Religionsunterricht vor. Wie oft habe ich von Kindern schon gehört: „Ich hab keinen Bock auf Reli, da wird doch eh nur gemalt.“ Wie schade ist es doch, wenn so ein wertvoller Unterricht wie der Religionsunterricht nur ein Mal- bzw. Ausmalunterricht ist. Dabei bietet gerade der Religionsunterricht so große Chancen, den Kindern wirklich etwas für ihr Leben mitzugeben.

Doch wie erreiche ich dies als Lehrperson?
Indem ich meinen Religionsunterricht genau unter die Lupe nehme: Ist er noch zeitgemäß? Vermittle ich den Kindern Glaubensinhalte, die sie auch wirklich zu einer eigenen Auseinandersetzung mit dem Glauben und mit Gott einladen? Ist mein Unterricht innovativ (und zwar nicht nur 2- oder 3-mal im Monat, sondern jedes Mal)? Manch eine*r[1] mag spätestens hier sagen: Sich jedes Mal einen Super-Unterricht ausdenken und halten, das kann ich nicht leisten.

Hier möchte ich mit meinen Stundenentwürfen ansetzen: Denn es ist möglich, **jede Religionsstunde (auch ohne großen Vorbereitungsaufwand)** zu einer Unterrichtsstunde werden zu lassen, die sowohl **den Kindern** als auch Ihnen **Spaß bereitet und die wegweisend ist für ihr Leben**.

Zum Ablauf meiner Unterrichtsstunden

Ich bin mir sicher, dass Sie für Ihren Unterricht schon bestimmte **Anfangs- und Schlussrituale** gefunden haben. Trotzdem möchte ich Ihnen von meinen Ritualen erzählen. Vielleicht können sie Anregungen für Ihren Unterricht sein. Gerade die „Minute Ruhe“, von der Sie gleich lesen werden, kann ich Ihnen wärmstens empfehlen. Sie werden begeistert sein und sie nicht mehr missen wollen.

Der Anfang jeder Stunde

Meine Stunden beginnen nun schon seit mehreren Jahren mit dem Anmachen der Klassenkerze und **„einer Minute Ruhe“**. Bevor ich also die Kinder begrüße, warte ich, bis alle ruhig sind, schlage dann auf meine Triangel und spreche: „Ich schenke dir und mir eine Minute Ruhe.“ Natürlich muss diese Minute mit jeder neuen Klasse geduldig eingeübt werden, eventuelles Kichern der Schüler*innen ist dabei völlig normal. Doch wenn die Kinder es dann gewohnt sind, wirklich eine Minute absolute Stille auszuhalten, so ist es sowohl für sie als auch für die Lehrperson eine richtige Wohltat, sei es zum gedanklichen Ankommen im Unterricht, sei es auch einfach mal zum Genießenkönnen des Nichtstuns. Der Klang der Triangel beendet schließlich die Minute Ruhe und ich begrüße meine Schüler*innen.

Einstieg

Direkt nach dem Anfangsritual singen wir unser Themenlied. Anschließend wird durch einen Impuls das Gelernte der vergangenen Stunde wiederholt.

Begegnung

Nun begegnen die Schüler*innen dem neuen Thema auf ganz unterschiedliche Weise, zum Beispiel anhand eines Bildes, durch ein Bodenbild, welches wir gemeinsam entstehen lassen, oder auch mal durch eine Provokation oder, oder, oder …

Vertiefung

Im Vertiefungsteil haben die Kinder meist durch angeleitete Gespräche die Gelegenheit, das Gelernte zu verinnerlichen und zu vertiefen. Impulse hierfür sind in meinem Material für Sie als Lehrperson durch kurze Sätze oder Stichpunkte aufgeführt.
In meinen Unterrichtsskizzen werden Sie sehen, dass sowohl der Begegnungsteil als auch der Vertiefungsteil im Sitzkreis stattfinden. Bitte entscheiden Sie selbst, ob Sie diese Sozialformen so übernehmen wollen oder ob Ihre Lerngruppe öfter einmal einen Sozialform-Wechsel benötigt.

Sicherung/Gestaltung

Die Sicherung findet häufig in Form eines gut durchdachten Hefteintrags statt, den ich als Heftwerkstatt bezeichne. Der Name **Heftwerkstatt** kann wörtlich genommen werden, denn hier sollen die Schüler*innen noch einmal aktiv und mit Spaß das Gelernte verarbeiten.
Natürlich kann die Sicherung auch mal eine Bastelarbeit oder einfach nur eine gemeinsame Erfahrung sein, die die Kinder auf emotionaler Ebene berührt.

Das Ende jeder Stunde

Am Ende treffen wir uns alle, uns an den Händen fassend, im Stehkreis. Ich spreche einen Segen aus über die Kinder („Gott segne euch, bis wir uns wiedersehen") und sie spüren, dass ich es ernst mit diesem Segen meine – er ist nicht einfach so dahergesprochen. Natürlich muss mit den Kindern besprochen werden, was „Segen" überhaupt bedeutet (Gott ist bei dir, er beschützt dich, er lässt dich nicht allein). Dann wird die Klassenkerze ausgemacht – der Unterricht ist zu Ende.

Anmerkungen

Ich habe in diesen Materialien die Abkürzung EA für Einzelarbeit gewählt. Als Heft für die Schüler*innen habe ich das **Blanko-Heft** in DIN-A4-Größe gewählt, da es sich auf einer komplett weißen Seite schöner gestalten lässt. Für die Überschriften brauchen Erst- und Zweitklässler*innen jedoch noch Linien, um ein sauberes Schriftbild zu erzielen. Aus diesem Grund habe ich immer ein Kästchen dabei mit zurechtgeschnittenen **Blanko-Linien**, die die Kinder dann zur Gestaltung im Heft dazukleben, um darauf ihre Überschrift zu schreiben. Durchgängig benötigen die Kinder Scheren, Klebstoff und Farbstifte.

Gerade am Anfang des Schuljahres sind die **Erstklässler*innen** noch nicht ausreichend fit im Schreiben. Deshalb liegen zu jeder Unterrichtsstunde entsprechende **Textstreifen** (S. 9) für das Heft vor, die von den Kindern dann nur noch eingeklebt werden müssen. Sollten Sie eine jahrgangsübergreifende Klasse unterrichten, so bekommen die Zweitklässler*innen Blankolinien, während den Erstklässler*innen die entsprechenden Textstreifen ausgeteilt werden.

Erzählungen werden für die Schüler*innen lebendiger, wenn Sie sie relativ frei vortragen. Alle Texte können aber auch ohne Weiteres vorgelesen werden.

Ich bin mir sicher, dass dies oder jenes vielleicht mit Ihrer Lerngruppe ein wenig anders durchgeführt werden muss oder dass Sie eine Sache vielleicht abändern möchten. Scheuen Sie sich nicht, meine Unterrichtsideen für sich persönlich zu optimieren!
Ich wünsche Ihnen viel Freude beim Ausprobieren meiner Unterrichtsstunden.

Eva Weber

[1] Der Verlag an der Ruhr legt großen Wert auf eine geschlechtergerechte und inklusive Sprache. Daher nutzen wir das Gendersternchen, um sowohl männliche und weibliche als auch nichtbinäre Geschlechtsidentitäten einzuschließen. Alternativ verwenden wir neutrale Formulierungen. In Texten für Schüler*innen finden sich aus didaktischen Gründen neutrale Begriffe bzw. Doppelformen.

Titelbild für die Unterrichtseinheit

Josef vertraut Gott

Lied „Gott ist immer da“ (1/2)

Musik u. Text
Eva Weber

Die Strophen 4, 5 und 6 können alternativ auch mit der zweiten Melodie gesungen werden, um dem Inhalt mehr Ausdruck zu verleihen.

Lied „Gott ist immer da“ (2/2)

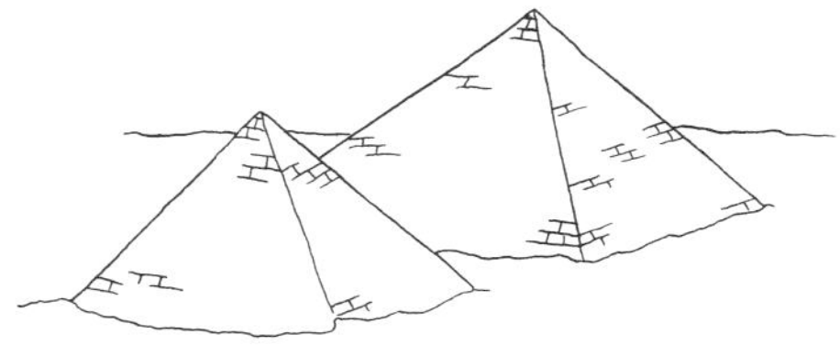

Refrain:
Gott ist immer da, er lässt dich niemals allein.
Er geht mit dir mit, er will dein Beschützer sein.

1. Ein Junge namens Josef zieht mit der Familie umher.
   Nomaden nennt man die Leute; gute Weiden finden ist schwer. (Oh-oh-oh)

2. Der Vater liebt den Josef und schenkt ihm deshalb ein Kleid.
   Stolz zeigt er es den Brüdern, doch die werden gelb vor Neid. (Oh-oh-oh)

3. Die Garben und die Sterne verneigen sich in Josefs Traum.
   Die Brüder sollen dienen, aber das gefällt ihnen kaum. (Oh-oh-oh)

4. „Josef muss verschwinden, der Ärger immerzu!
   Werft ihn in die Zisterne, dann haben wir endlich Ruh!“ (Oh-oh-oh)

5. Der Josef muss mit Händlern ins ferne Ägypten gehn.
   Der Vater trauert um Josef; er wird ihn nie wiedersehn. (Oh-oh-oh)

6. Bei Potifar zeigt Josef, was er alles leisten kann.
   Doch leider möchte die Herrin ihren Diener gern als Mann. (Oh-oh-oh)

7. Der Pharao hat Träume, was das wohl bedeuten mag?
   Doch Josef kann sie deuten. Er hilft mit ’nem guten Rat. (Oh-oh-oh)

8. Der Pharao ist glücklich und Josef rettet das Land.
   Er lässt Kornspeicher bauen, wird zum mächt’gen Herrscher ernannt.
   (Oh-oh-oh)

9. In Kanaan zu Hause ist große Hungersnot,
   die Brüder ziehn nach Ägypten, suchen dort nach Korn und Brot.
   (Oh-oh-oh)

10. Und Josef zeigt den Brüdern: Vorbei ist alle Wut!
    „Ich habe euch verziehen.“ Seht doch: Gott macht alles gut. (Oh-oh-oh)

Textstreifen für die gesamte Unterrichtseinheit

Josef lebt mit seinem Vater Jakob und seinen Brüdern in Zelten. Sie sind Nomaden und ziehen mit ihren Tieren durch das Land, stets auf der Suche nach guten Weiden.

Josef bekommt von seinem Vater ein neues Gewand geschenkt. Er trägt es voller Stolz.

Hat Gott etwas Besonderes mit Josef vor?

Josef wird von seinen Brüdern in eine Zisterne geworfen.

Josef wird an vorbeiziehende Händler verkauft.

Gott lässt Josef auch im Gefängnis nicht allein.

Josef sorgt durch Kornspeicher dafür, dass die Menschen in Ägypten nicht hungern müssen. Durch diese tolle Idee wird Josef zum Stellvertreter des Pharao.

Gott macht alles gut!

Auch im Land Kanaan herrscht Hunger. Die Brüder kommen nach Ägypten, um Korn zu kaufen. Sie werden von Josef auf die Probe gestellt.

Josef, seine Brüder und sein Vater sind nun wieder zusammen. Gott hat Josef nie im Stich gelassen!

1. Josef und seine Familie

<table>
<tr><th>Unterrichtliches Handeln</th><th>Sozialform</th><th>Medien</th></tr>
<tr><td>Einstieg
→ Spiel: „Suche deine Familie“ (S. 11)
→ Impuls: Es fühlt sich gut an, wenn man seine Familie gefunden hat. Gut, dass wir zu Hause auch eine Familie haben, in der wir viel erleben dürfen … Kinder antworten (Mama und Papa passen auf mich auf, wir spielen manchmal zusammen, manchmal unternehmen wir etwas …) – Hinweis: Familie kann auch aus einem Elternteil und Kindern bestehen!
→ Impuls: Manchmal gibt es auch Streit in einer Familie … Kinder erzählen von ihren „Streit-Erfahrungen“
→ Impuls: Ich möchte dir in der nächsten Zeit eine lange Geschichte erzählen, in der es um eine Familie geht. Auch in dieser Familie gab es Streit. Doch davon erzähle ich dir ein bisschen später. Erst einmal möchte ich dir zeigen, wie diese Familie gelebt hat …</td><td>Spiel im Plenum, Gespräch im Sitzkreis</td><td>Körbchen mit Zetteln, auf die jeweils ein Tier kopiert ist (S. 11), Anzahl je nach Lerngruppengröße</td></tr>
<tr><td>Begegnung
→ Sitzkreismitte: Aus Tüchern wird eine Landschaft dargestellt (Wüste, fruchtbares Land, See).
→ Impuls: Die Familie, von der ich dir erzählen möchte, lebte vor vielen Tausend Jahren in einem Land namens Kanaan. (Evtl. schon durch Abraham bei den Kindern bekannt. Sie erzählen kurz etwas über das Klima in Kanaan – Wüste, aber auch fruchtbares Land.)
→ Impuls: Stelle die Familie und ihre Tiere in unsere Landschaft. Überlege dir, ob sie sich in der Wüste befinden oder in einer fruchtbaren Landschaft. (Kinder erklären ihre Wahl – fruchtbares Land für die Tiere.)
→ Impuls: Und wenn die Tiere all das leckere Gras abgefressen haben? … (Die Kinder kommen durch Überlegen darauf, dass die Familie weiterziehen muss zum nächsten fruchtbaren Land; sie sollten auch darauf kommen, dass die Familie kein festes Haus hatte, sondern in Zelten lebte.)
→ Impuls: Menschen, die nicht in Häusern leben, sondern mit dem Zelt von Ort zu Ort reisen, nennt man Nomaden. Sprich dieses Wort mal selber aus: „Nomaden“ … Die Kinder sprechen gemeinsam.</td><td>Sitzkreis</td><td>Tücher in gelb, blau, grün, Spielfiguren, zum Beispiel aus Plastik oder Holz: 13 männliche Figuren (12 Söhne und ein Vater), ein paar Tier-Spielfiguren, evtl. ein Zelt (kann ganz einfach selbst gebastelt werden, s. u.)</td></tr>
<tr><td>Vertiefung
→ Erzählung (Mitmachgeschichte)
→ Lied: Strophe 1</td><td>Sitzkreis</td><td>Erzählung (S. 12), Lied (S. 7/8)</td></tr>
<tr><td>Sicherung/Gestaltung
→ Hefteintrag (quer): Josef lebt mit seinem Vater Jakob und seinen Brüdern in Zelten. Sie sind Nomaden und ziehen mit ihren Tieren durch das Land, stets auf der Suche nach guten Weiden.
→ Ein Zelt wird ausgeschnitten, an der Linie eingeschnitten und mit geöffneter Zeltöffnung ins Heft geklebt.
→ In das Zelt wird ein bunter Teppich gemalt.
→ Es werden Schnüre ans Zelt gemalt und die Zelte werden ausgemalt. Hinweis für die Kinder: Die Zelte sind aus dunklem Ziegenhaar gefertigt.
→ Schafe, Ziegen, Esel werden ausgeschnitten und um das Zelt geklebt.</td><td>EA</td><td>kopierte Zelte (S. 13), Alternative: mithilfe einer Schablone auf schwarzes Papier Zelte vorzeichnen, die Kinder schneiden sie dann aus; kopierte Tiere (S. 11), evtl. Textstreifen (S. 9)</td></tr>
</table>

Spiel „Suche deine Familie“

Spielregeln:
Jedes Kind zieht aus einem Körbchen einen zusammengefalteten Zettel mit einem Tier, Sie selbst spielen auch mit. Achten Sie darauf, dass ein Kind nicht als einziges ein bestimmtes Tier hat. Zur Musik bewegen sich alle Kinder frei im Raum. Bricht die Musik ab, finden sich alle Kinder zu Tierfamilien zusammen (Ziegenfamilie, Eselfamilie …) und fassen sich an den Händen. Dann können die Kärtchen getauscht werden, das Spiel beginnt von vorn.
Tipp für einen höheren Schwierigkeitsgrad: Die Kinder dürfen sich, um sich zu Familien zusammenzufinden, nur pantomimisch als das jeweilige Tier zu erkennen geben.

Kopiervorlage „Tiere“

Abb.: Astrid Wilkesmann

Abb.: Astrid Wilkesmann

Abb.: Astrid Wilkesmann

Abb.: Astrid Wilkesmann

Abb.: Astrid Wilkesmann

Abb.: Astrid Wilkesmann

Erzählung (Mitmachgeschichte): „Josef und seine Familie“

„Schon wieder alles zusammenpacken!“, stöhnen die zwölf Brüder, als ihr Vater Jakob ihnen zuruft, dass es Zeit zum Aufbruch wird. Die vielen Schafe haben das saftige Gras in der ganzen Umgebung aufgefressen. Nun ist es also mal wieder an der Zeit, die Zelte und das ganze Hab und Gut zusammenzupacken, auf die Esel zu laden und weiterzuziehen. Es gilt, einen neuen geeigneten Platz zu finden, wo die Familie wieder mehrere Wochen ihre Zelte aufschlagen kann und wo die Tiere genug zu fressen und zu trinken finden.
Also machen sie sich an die Arbeit *(Kinder stehen von ihren Stühlen auf und krempeln sich die Ärmel nach oben):* Die schweren Zelte aus Ziegenhaar müssen gefaltet werden *(Faltbewegung).*
Die vielen bunten Teppiche in den Zelten werden aufgerollt *(Bewegung für Teppich rollen).*
Überall liegt noch Geschirr herum, das aufgesammelt und in einen großen Sack gelegt werden muss *(bücken und auflesen, in einen imaginären Sack legen).*
Ach, und die gewaschene Kleidung auf der Wäscheleine muss ja auch abgehängt, gefaltet und in einen Sack gelegt werden *(sich zur Leine strecken, falten, in einen imaginären Sack legen).*
Ja, und dann muss natürlich alles auf die Esel gepackt werden *(schwere Säcke auf Esel hieven).*
Und ja alles gut verschnüren, damit unterwegs nichts verloren geht *(Schnüre fest anziehen).*
Zum Schluss noch die Tiere zusammenpfeifen *(Kinder dürfen pfeifen)* und los geht's.

Vorneweg geht Vater Jakob mit Benjamin, seinem jüngsten Sohn, und natürlich mit seinem 17-jährigen Sohn Josef. Der ist ja immer in der Nähe vom Vater. *(Diesen Satz mit verächtlicher Stimme sagen, sonst aber nicht näher auf die „Lieblingssohnproblematik“ eingehen – folgt erst in der nächsten Stunde.)*
Die anderen zehn Brüder und die Schwestern folgen den dreien und passen gut auf, dass nichts von dem ganzen Hab und Gut der Familie unterwegs verloren geht *(mit Hand über den Augen nach rechts und links blicken).*
„Hoffentlich finden wir bald eine geeignete Stelle, um unsere Zelte aufschlagen zu können“, so denken alle zwölf Brüder.

Kopiervorlage „Zelt“

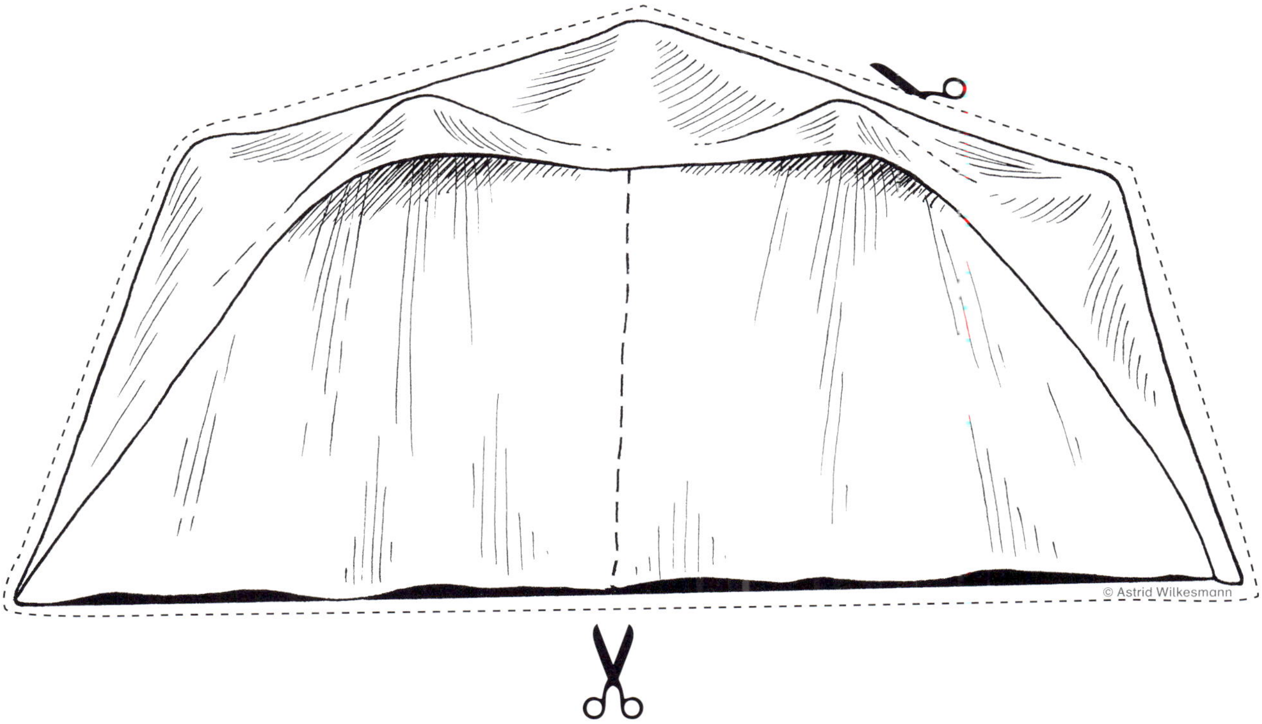

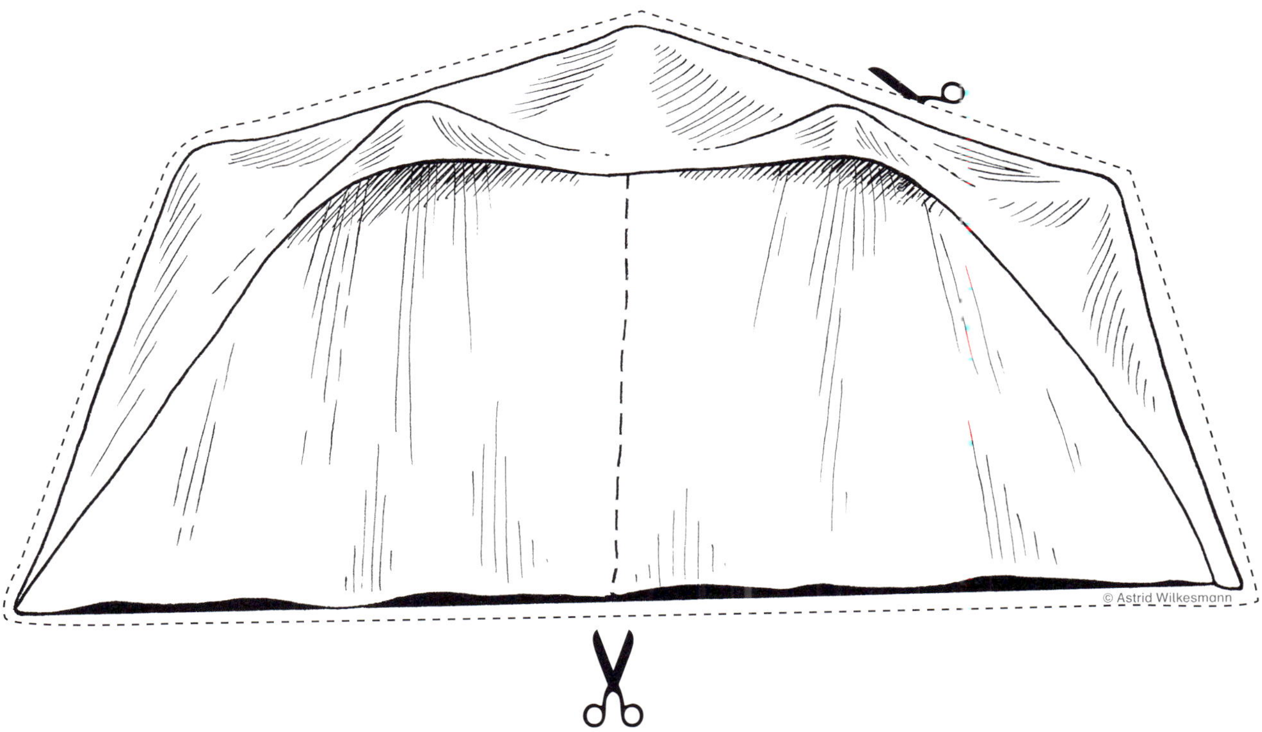

2. Josef, der Liebling des Vaters

Unterrichtliches Handeln	Sozialform	Medien
Einstieg → Lied: Strophe 1 → Impuls: **Du weißt, wie man Menschen nennt, die mit ihren Zelten von Ort zu Ort reisen ...** Kinder antworten (Nomaden)	Sitzkreis	Lied (S. 7/8)
Begegnung → Sie verteilen an einige Kinder Süßigkeiten. Die restlichen Kinder bekommen (erst einmal) nichts. → Sie warten, ohne etwas zu sagen; ganz sicher werden sich die leer ausgegangenen Kinder zu Wort melden. → Sie stellen sich dumm und tun erst einmal so, als würden Sie die Beschwerden dieser Kinder überhaupt nicht verstehen – es entsteht ein Gespräch über faire und unfaire Behandlung. → Gespräch erweitern: **Vielleicht hast du zu Hause auch schon einmal eine unfaire Behandlung erlebt ...** Kinder erzählen → Am Ende des Gesprächs bekommen die anderen Kinder natürlich auch Süßigkeiten.	Sitzkreis	Tüte mit kleinen Süßigkeiten (auf Allergien achten)
Vertiefung → Bevor Sie mit der Erzählung beginnen, zeigen Sie ein Bild zur Mode von damals, damit den Kindern klar wird, weshalb Josef ein Gewand von seinem Vater bekommt und nicht eine Hose oder einen Pullover. → Erzählung (Das neue Gewand) → Impuls: **Irgendwie kann ich die Brüder verstehen ...** Kinder antworten → Impuls: **Und Josef? Kann er denn etwas dafür, dass er seinen Vater so an seine verstorbene Mutter erinnert? ...** Kinder antworten (Dafür kann er zwar nichts, aber er muss ja nicht immer alles, was die Brüder angestellt haben, dem Vater verraten.) → Lied: Strophe 2	Sitzkreis oder bei entstehender Unruhe Plenum	Bild „Biblische Kleidung“ (S. 57, evtl. am Whiteboard/Beamer zeigen), Umhang, Erzählung (S. 15)
Sicherung/Gestaltung → Hefteintrag: *Josef bekommt von seinem Vater ein neues Gewand geschenkt. Er trägt es voller Stolz.* → Kinder verzieren das Gewand mit Buntstiften. Anschließend darf sich jedes Kind aus einer Schachtel ein fertig zugeschnittenes Stück Geschenkband als Gürtel nehmen und auf sein Gewand kleben. → Kinder kleben Gewand ins Heft. → Bei übriger Zeit können die schönen Gewänder im Stehkreis betrachtet und bewundert werden.	EA	verschiedene schöne Geschenkbänder (am besten mit Gold- oder Silberfäden), bereits in der Länge zugeschnitten, sodass sie auf das Kleid passen, Gewand-Vorlage (S. 16), Buntstifte, Klebstoff, evtl. Textstreifen (S. 9)

Erzählung: „Das neue Gewand"

Am Anfang sollten Sie kurz erwähnen, dass Josefs Vater Jakob zwei Frauen hatte, Rahel und Lea. Damals war es erlaubt, dass Männer mehrere Frauen heiraten durften. Er hatte mit beiden Frauen Kinder. Einige Brüder von Josef waren auch die Kinder von Jakob und zwei Dienerinnen der Familie. Rahel, die Mutter von Josef, war schon gestorben. Rahel war aber die Lieblingsfrau von Jakob gewesen. Erklären Sie ebenfalls, dass Josef auch Schwestern hatte, von denen aber in der Bibel wenig erzählt wird.

Jakob hat mit seinen Söhnen, seiner Frau Lea und allen anderen Mitgliedern der Familie eine gute Stelle gefunden, an der sie nun ihre Zelte aufstellen. Frühmorgens gehen die Brüder mit den Schafherden zur großen Weide in der Umgebung ihres Zeltplatzes. Hier finden die Schafe leckeres, grünes Gras. In der Mittagssonne ruhen sich die Brüder, an einen Baum gelehnt, aus.

Sie spielen jetzt einen der Brüder (zum besseren Rollenverständnis Umhang umlegen).
„He, sagt mal, kommt da nicht unser kluges Brüderchen, das immer beim Vater rumhängt?"

Sie legen die Hand über die Augen, um besser schauen zu können.

„Ich glaub, ich spinne! Was hat der denn an?
Das ist ja ein Gewand wie von einem König!"

Sie stoßen Ihr Nachbarkind mit dem Ellenbogen an.

„Schau doch, siehst du's auch? Woher hat er das bloß?
He, Josef, komm mal her! Woher hast du denn dieses neue Gewand? Wie? Du hast's von unserem Vater bekommen?"

„Das darf doch wohl nicht wahr sein. Wir haben schon seit Jahren immer das gleiche alte Zeug aus kratzendem Ziegenhaar an und du bekommst mal eben einfach so ein neues Gewand, das auch noch aus so einem teuren, weichen Stoff gefertigt ist?
Sogar goldene Fäden sind da mit eingewebt!
Das ist so unfair!
Findet ihr doch auch, oder?"

Sie schauen erwartungsvoll die anderen Kinder an, die sich dazu äußern dürfen.

„Aber ich weiß schon, warum Vater Josef lieber hat. Rahel, die Mutter von Josef, ist bei der Geburt von Benjamin, unserem jüngsten Bruder, gestorben. Jetzt vermisst Vater sie so sehr. Immer wenn er Josef anschaut, erinnert er sich an seine geliebte Rahel. Lea hat Jakob nie so geliebt wie seine Rahel. Was sagst du, Josef? Du willst zum Vater gehen und ihm erzählen, dass wir hier faul in der Mittagssonne liegen? Ja, sag mal, spinnst du? Das ist mal wieder typisch für dich. Du musst immer alles verraten. Dabei ruhen wir uns hier in der Mittagshitze nur mal eben kurz aus. Aber mach doch, was du willst. Wundere dich aber nicht, dass wir mit dir nichts zu tun haben wollen. Also geh doch, du Petzer!"

(frei nach Gen 37,3–4)

Kopiervorlage „Gewand“

3. Josefs Träume

Unterrichtliches Handeln	Sozialform	Medien
Einstieg → Lied: Strophe 1, 2 → Stummer Impuls: Bild von einem schönen Gewand in die Mitte legen … Kinder wiederholen	Sitzkreis	Lied (S. 7/8), Kopiervorlage „Gewand“ (S. 16, von Ihnen ausgemalte Kopie)
Begegnung → Impuls: **Neulich hab ich was Komisches geträumt** (Sie erzählen einen Traum von sich) … Kinder dürfen nun auch einen Traum erzählen – Vorsicht: Nicht zu ausschweifend erzählen lassen, weil es sonst leicht eine Märchenstunde werden könnte. → Impuls: **Josef hatte auch zwei sonderbare Träume …** → Erzählung (1. Traum) → Kinder stellen Deutungsversuche an → Erzählung (2. Traum) → Kinder versuchen, auch diesen Traum zu deuten → Impuls: **Du kannst dir vorstellen, wie die Brüder reagiert haben …** Kinder antworten (Brüder sind zornig, dass Josef sich für etwas Besseres hält) → Impuls: **Josef muss oft über diese Träume nachdenken. In seinen Träumen hat Josef immer einen ganz besonderen Platz. Hat Gott vielleicht irgendetwas Besonderes mit ihm vor? Wir werden uns überraschen lassen.**	Sitzkreis	Erzählung 1. Traum und 2. Traum (S. 18), Umhang, Bilder von Sichel, Garbe und Ähre (S. 58), Kinderbibel
Vertiefung → Kurzes Rollenspiel: „Die zwölf Garben“ (Der Traum mit den Sternen eignet sich nicht so gut zum Nachspielen, da hier nicht alle Kinder mitspielen können.). Zwei Kinder können Regie führen. Die Kinder stellen sich je nach Schülerzahl zu Garben auf. Mehrere Kinder stehen eng beieinander und umfassen sich. In der Mitte steht Josef, in sein schönes Gewand gehüllt. Auf ein Zeichen der Regie verneigen sich alle Garben vor Josef. Rollenspiel öfters wiederholen, sodass möglichst viele Kinder in den Genuss kommen, einmal Josef sein zu dürfen. → Lied: Strophe 3	Plenum	ein schönes Tuch für Josef Lied (S. 7/8)
Sicherung/Gestaltung → Hefteintrag (quer): *Hat Gott etwas Besonderes mit Josef vor?* → Arbeitsblatt linke Seite: Elf gebeugte Garben um eine aufrecht stehende Garbe malen (kann, falls nötig, von Ihnen an der Tafel vorgemalt werden); rechte Seite: Jakob wird mit seinem schönen Gewand in die Mitte gemalt, Mond und Sonne dazu. Drum herum werden elf goldene oder silberne Sternenaufkleber geklebt. Alternative: entweder Sterne einfach nur malen oder mit einem Sterne-Ausstanzer aus gelbem Papier ausstanzen lassen	EA	Arbeitsblatt (S. 19), Buntstifte, Klebstoff, Sterne-Aufkleber (in der Weihnachtszeit auf Vorrat kaufen; alternativ: Sterne-Ausstanzer, gelbes Papier)

Erzählung: „Josefs Träume“

1. Traum

Sie spielen einen Bruder von Josef. Zum leichteren Rollenverständnis legen Sie sich wieder einen Umhang um.

(Strecken und gähnen)

„Ach, ich hab herrlich geschlafen.
He, Brüder, schaut mal, da kommt Josef in seinem superschicken Gewand. Was will er denn jetzt schon wieder?
(In leicht verächtlichem Ton) Na, Josef, auch schon ausgeschlafen?
Wie bitte? Geträumt hast du? Ja, ja, ich hab auch schon so einiges geträumt.
Was erzählst du da, du hattest einen besonderen Traum? Na, dann erzähl mal.“

(Umhang ausziehen, weil Sie jetzt wieder die Lehrkraft sind)

Damit du den Traum von Josef besser verstehst, möchte ich dir zuerst noch etwas erklären …

(Anhand von Bildern wird der Begriff und Gebrauch einer Sichel und auch der Unterschied zwischen Ähren und Garben erklärt.)

Ich lese dir nun den Traum von Josef aus der Bibel vor, denn dort ist die Geschichte von Josef und seinen Brüdern aufgeschrieben …

(Josefs ersten Traum vorlesen. Schön ist es, wenn Sie hier aus einer richtigen Kinderbibel vorlesen können.)

„Stellt euch vor, ich habe geträumt, wir Brüder wären alle zusammen auf einem Feld. Mit unseren Sicheln schnitten wir die Getreideähren ab. Danach banden wir die Ähren zu Garben zusammen. Jeder legte seine gebundene Garbe auf die Erde.
Da stellte sich plötzlich meine Garbe aufrecht hin. Eure Garben stellten sich um meine aufgerichtete Garbe herum und verneigten sich.“

(Umhang wieder umlegen, Sie schlüpfen wieder in die Rolle des Bruders)

„Ja, sag mal, Josef, bist du noch zu retten? Und jetzt sagst du auch noch, du weißt nicht, was dieser Traum bedeutet? Na, da muss man kein Traumdeuter sein, um diesen Traum deuten zu können …“

Die Kinder versuchen, den Traum zu deuten. Sie geben gegebenenfalls Impulse als Hilfestellung, z. B. „Diese Garbe in der Mitte, sie könnte für eine bestimmte Person stehen …“

(frei nach Gen 37,5–8)

2. Traum

Josef träumt später noch ein zweites Mal.
Das erzählt er darüber:
„Ich habe noch einen Traum gehabt:
Ich sah die Sonne, den Mond und die Sterne.
Sie bildeten einen Kreis um mich herum, ich stand in der Mitte. Dann verneigten sich alle, die Sonne, der Mond und die Sterne.“
Sicher kannst du auch diesen Traum von Josef deuten …

Kinder versuchen, auch diesen Traum zu deuten (Sonne und Mond = Vater und Mutter, Sterne = Brüder)

Sonne/Mond/Sterne: Eva Spanjardt

Arbeitsblatt „Träume“

Abb.: Eva Spanjardt

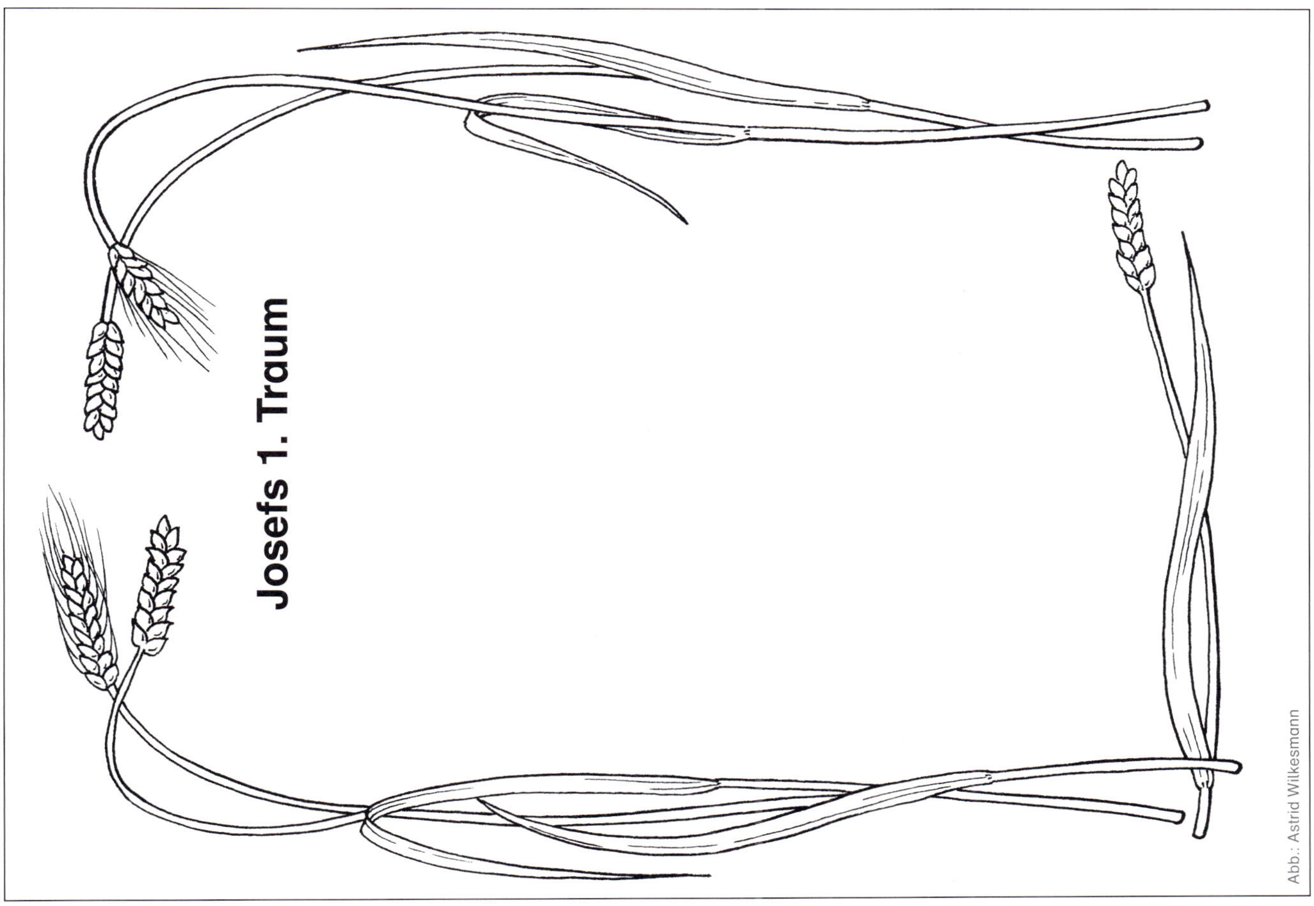

Abb.: Astrid Wilkesmann

4. Josef in der Zisterne

Unterrichtliches Handeln	Sozialform	Medien
Einstieg ➔ Lied: Strophe 3 ➔ Impuls: **Josef hatte zwei seltsame Träume …** Kinder wiederholen	Sitzkreis	Lied (S. 7/8)
Begegnung ➔ Stummer Impuls: Bild wird schweigend im Sitzkreis herumgereicht, anschließend wird das Bild in die Mitte auf ein großes, schwarzes Tuch gelegt. ➔ Impuls: **Du hast das Bild genau betrachtet …** Kinder äußern sich ➔ Kurz den Unterschied zwischen Brunnen und Zisterne erklären (Brunnen: Grundwasser, Zisterne: Regenwasser wird gespeichert, eine Zisterne ist trocken, wenn sie geleert wird) ➔ Impuls: **Hör einmal, was das Bild aus einer Zisterne mit unserer Geschichte von Josef zu tun hat …** ➔ Erzählung (Josef in der Zisterne)	Sitzkreis	Bild Zisterne (S. 59), schwarzes Tuch Erzählung (S. 21)
Vertiefung ➔ Impuls: **Dass die Brüder zornig auf Josef waren, kann ich ja schon ein bisschen verstehen …** Kinder nehmen Stellung ➔ Impuls: **Ob die Brüder wohl richtig gehandelt haben, als sie Josef in die Zisterne geworfen haben? …** Kinder äußern ihre Meinung ➔ Impuls: **Als ich klein war, hat mich meine Schwester immer und immer wieder geärgert. Das hat mich manchmal rasend vor Wut gemacht. Da wäre mir so eine Zisterne gerade recht gewesen, in die ich sie hätte reinschmeißen können (o. Ä.) …** Kinder nehmen Stellung ➔ Aktion „Wut herausschreien" ➔ Sie warten, bis wieder Ruhe eingekehrt ist, und sprechen zur Verdeutlichung noch einmal: **Die Brüder haben Josef in die Zisterne geworfen. Das war sehr schlimm für Josef. Die Brüder hatten so eine große Wut in sich, dass ihnen so etwas Grausames eingefallen ist. Vielleicht hätten sie vorher schon öfters mal ihre große Wut herausschreien müssen. Dann wäre es vielleicht nicht so weit gekommen, dass Josef jetzt in einer Zisterne liegt.** ➔ Lied: Strophe 4	Sitzkreis, später Stehkreis	Anleitung zur Aktion „Wut herausschreien" (S. 21) Lied (S. 7/8)
Sicherung/Gestaltung ➔ Hefteintrag: *Josef wird von seinen Brüdern in eine Zisterne geworfen.* ➔ Die Kinder kleben ein graues Stück Tonpapier ins Heft. Achtung: nur an den Seiten und unten Kleber auftragen! Auf das Tonpapier können mit einem schwarzen Stift noch Striche als Mauersteine gemalt werden (am besten an der Tafel vorzeichnen). ➔ Wutsprechblase wird beschriftet: *„Nein, ich will das nicht!"* Anschließend kann die Sprechblase noch in Wutfarben angemalt werden (rot, schwarz, fest aufgedrückt). Dann wird sie in die Zisterne „geworfen" (also hinter das Tonpapier gesteckt).	EA	Sprechblase (S. 22) (je nach Schreiblernprozess beschriftet oder unbeschriftet), graue Tonpapierstücke (ca. DIN A6), Klebstoff, Buntstifte, evtl. Textstreifen (S. 9)

Erzählung: „Josef in der Zisterne“

Eines Tages sagt der Vater Jakob zu Josef: „Deine Brüder sind mit den Herden auf der Weide. Geh zu ihnen. Ich will wissen, ob mit den Tieren alles in Ordnung ist.“
Josef macht sich auf den Weg. Natürlich hat er sein schönes Gewand an. Josef muss lange laufen, bis er seine Brüder mit den Tieren in der Ferne endlich sieht.
Auch die Brüder sehen Josef schon von Weitem. „Da kommt ja Vaters Liebling, unser Super-Träumer!“, sagt einer.
„Ich könnte den Angeber umbringen!“, flüstert einer der Brüder vor sich hin.
„Warum nicht?“, antwortet ein anderer, der das Flüstern gehört hat. „Wir töten ihn und werfen ihn in eine Zisterne. Dem Vater sagen wir einfach: ‚Ein Raubtier hat ihn gefressen.‘“
Ruben aber, der Älteste, ist damit nicht einverstanden: „Lasst Josef am Leben! Werft ihn in die Zisterne da drüben, aber tötet ihn nicht!“
Bei sich denkt Ruben: „Ich werde Josef später aus der Zisterne herausziehen und zu unserem Vater zurückbringen.“
Als Josef den Weideplatz erreicht hat, packen die Brüder ihn, nehmen ihm sein Gewand weg und werfen ihn in die Zisterne. In der Zisterne ist gerade kein Wasser.
Vom letzten Regenwasser ist der Boden aber noch feucht und schlammig. Dadurch wird Josef beim Aufprall nicht verletzt. Doch es ist sehr dunkel hier unten in der Zisterne. Nur durch das Zisternenloch oben kann Josef ein Stück des Himmels sehen. Josef friert, hat Angst und fühlt sich allein.

(frei nach Gen 37,12–24)

Aktion „Wut herausschreien“

1. Gespräch über das Verhalten der Brüder:
   - ➔ Wie findest du, was die Brüder mit Josef anstellen?
   - ➔ Im Gesprächsverlauf kommen die Kinder – hoffentlich! – darauf, dass Gewalt keine Lösung ist.
   - ➔ Welche Möglichkeiten hätten die Brüder gehabt, sich gegen das ständige Petzen und die bevorzugte Behandlung zur Wehr zu setzen? (Mit ihrem Vater darüber reden, sich beschweren; Josef ihren ganzen Frust entgegenschreien …)

2. Impuls: **Jede und jeder von uns ist schon einmal richtig schlimm geärgert worden. Deshalb haben wir vielleicht eine große Wut in unserem Bauch. Ich bin dafür, dass wir unserer Wut Platz geben. Wir wollen sie aus uns herausschreien. Damit tun wir niemandem weh, aber ich glaube, es geht uns hinterher trotzdem besser. Denn dann ist unsere Wut nicht immer nur in uns eingeschlossen. Überlege dir kurz, weshalb du eine große Wut in deinem Bauch hast, wer dich geärgert oder dir vielleicht wehgetan hat.**

3. Gemeinsam wird ein gewaltiger Wutschrei (**„NEIN, ICH WILL DAS NICHT!“**) in Richtung des Zisternenbildes geschickt, dazu kann noch ordentlich mit dem Fuß aufgestampft werden (kann ruhig 2- bis 3-mal wiederholt werden).

Kopiervorlage „Wutsprechblasen“

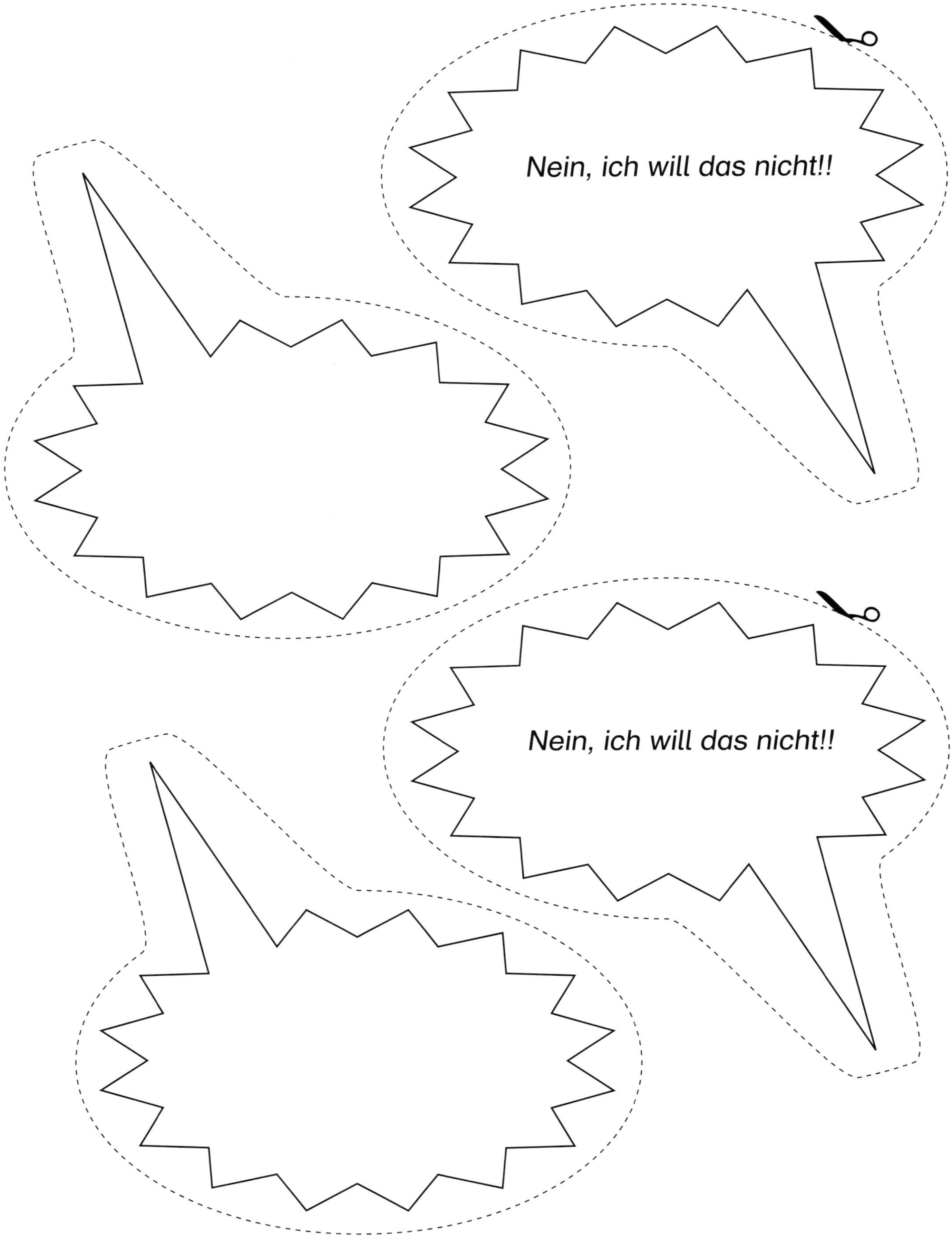

5. Josef wird als Sklave verkauft

Unterrichtliches Handeln	Sozialform	Medien
Einstieg → Lied: Strophe 4 → Stummer Impuls: Bild von der Zisterne auf ein schwarzes Tuch in die Mitte legen … Kinder wiederholen → Impuls: **Hast du denn unseren Wutschrei seit letzter Stunde mal ausprobiert, zu Hause oder im Schulhof oder sonst irgendwo; anstatt jemandem wehzutun, wenn er dich geärgert hat? …** Kinder antworten (Sie können die Kinder ermuntern, diesen Wutschrei immer wieder anzuwenden, wenn sie geärgert werden, anstatt zurückzuschlagen etc.)	Sitzkreis	Lied (S. 7/8), schwarzes Tuch, Bild „Zisterne“ (S. 59)
Begegnung → Impuls: **Josef sitzt immer noch dort unten in der Zisterne. Es ist dunkel dort unten, er friert und er fühlt sich von allen verlassen. Ob Gott ihn auch verlassen hat? Im Moment scheint ihm das so. Leise dringen die Stimmen seiner Brüder an sein Ohr, aber er kann sie nicht richtig verstehen. Wir stellen uns vor, wir sind Josefs Brüder und sitzen gemeinsam um die Zisterne herum. Wir beratschlagen, was wir mit Josef anstellen.** → Alle setzen sich auf den Boden um das Bild der Zisterne herum, beratschlagen und stellen sich vor, was sie jetzt mit Josef anstellen. → Erzählung (Josef wird verkauft; alle sitzen wieder im Sitzkreis auf ihren Stühlen oder Teppichfliesen etc.)	Sitzkreis	Erzählung (S. 24)
Vertiefung → Lied: Strophe 5 → Sie ziehen mit den Kindern als Karawane durchs Klassenzimmer – Josef an einem Seil im Schlepptau als Letzter. Sie sind Anführer*in der Karawane, haben eine Handtrommel in der Hand und geben den „Laufrhythmus“ vor, dazu singen die Kinder „Zum gali“. Impulse: **Die Sonne brennt, es ist heiß. Mühsam und langsam zieht die Karawane weiter** (Handtrommel wird ganz langsam geschlagen). **Kommt, wir müssen uns stärken, lasst uns aus unseren Wasserbeuteln etwas trinken** (pantomimisch trinken alle aus ihren Wasserbeuteln, nur Josef bekommt nichts ab). **Gestärkt kann die Karawane nun etwas schneller weiterziehen** (Handtrommel schneller schlagen, Josef stolpert erschöpft hinterher.) Mehrere Kinder sollten einmal Josef sein, damit sich nicht nur eines als Josef schlecht behandelt fühlt. → Kinder bilden einen Stehkreis → Impuls: **Armer Josef! Du kannst dir vorstellen, wie er sich gerade fühlen mag …** Kinder antworten	Plenum, später Stehkreis	Lied (S. 7/8), Lied (Zum gali) (S. 24), Handtrommel, Seil
Sicherung/Gestaltung → Hefteintrag: *Josef wird an vorbeiziehende Händler verkauft.* → Ein Kamel wird grob ausgeschnitten und ins Heft geklebt. Josef wird mit ausgestreckten Armen dahintergemalt. Mit einem Stück Schnur als Seil werden seine Hände mit dem Kamelschwanz verbunden (klebt am besten mit einem Stück Klebestreifen). Evtl. ausmalen lassen.	EA	Kamel (S. 25), ein Stück Schnur für jedes Kind, Klebestreifen, Buntstifte, evtl. Textstreifen (S. 9)

Erzählung: „Josef wird verkauft“

Da sitzen die Brüder also um die Zisterne herum und beratschlagen, was sie mit Josef machen. Einer der Brüder ruft plötzlich:
„He, schaut mal, da kommt eine Karawane *(den Kindern kurz erklären, was eine Karawane ist).* Das müssen Kaufleute sein, so viel, wie die auf ihre Kamele gepackt haben. Sicher sind sie auf dem Weg nach Ägypten in die Hauptstadt. Dort findet doch immer ein großer Markt statt, wo alles Mögliche verkauft wird. Hört mal her, Brüder, ich hab eine Idee! Wie wär's, wenn wir Josef einfach an die Kaufleute verkaufen? Die können ihn dann wieder dort auf dem Sklavenmarkt verkaufen und dabei richtig gut Geld verdienen. Und wir – wir sind Josef ein für alle Mal los. Vielleicht beachtet Vater dann auch mal uns. Wir sind ja schließlich auch seine Söhne!“
Schnell lassen die Brüder ein Seil in die Zisterne hinunter und ziehen Josef hoch. Dann verkaufen sie ihn an die Kaufleute. Josef wird an ein Kamel gebunden und muss mit der Karawane mitziehen. Aber wie sollen die Brüder dem Vater erklären, warum Josef nicht mehr nach Hause kommt?
Einer der Brüder holt einen Ziegenbock aus der Herde und schlachtet ihn. Josefs Gewand tauchen sie in das Blut und sagen dem Vater, dass ein wildes Tier Josef getötet hat.
Jakob ist unsagbar traurig, als er das blutgetränkte Gewand sieht. Er glaubt seinen Söhnen, dass Josef tot ist.

(frei nach Gen 37,25–34)

Lied „Zum gali“ (nur Refrain)

Text/Musik: trad. aus Israel

Kopiervorlage „Kamel“

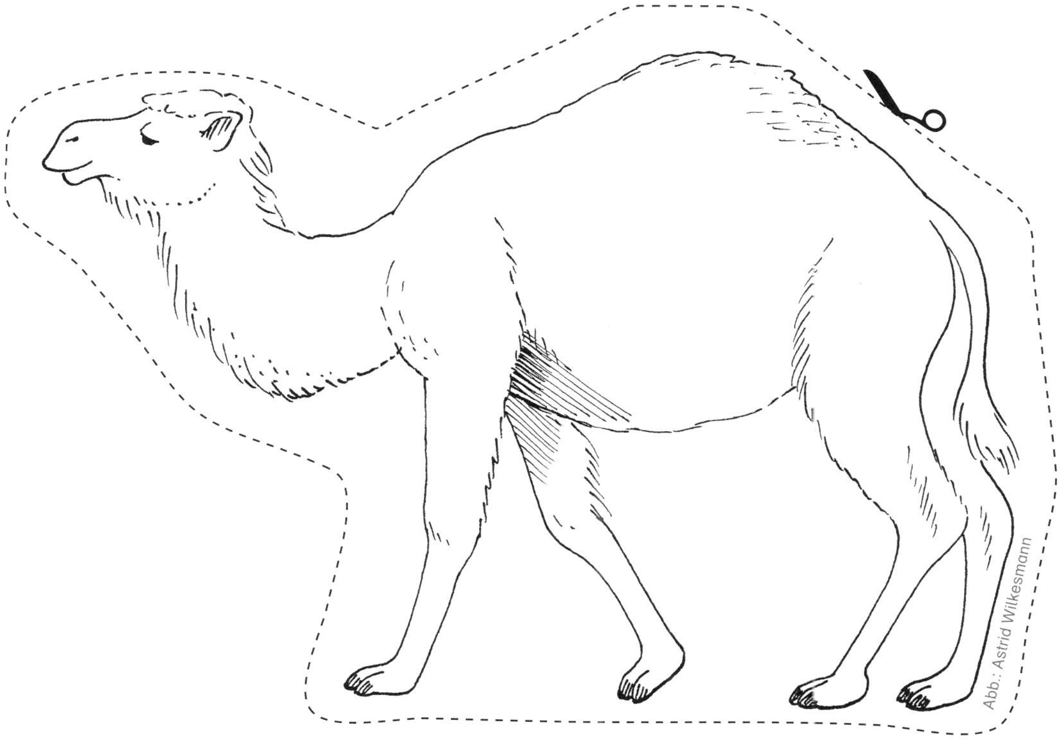

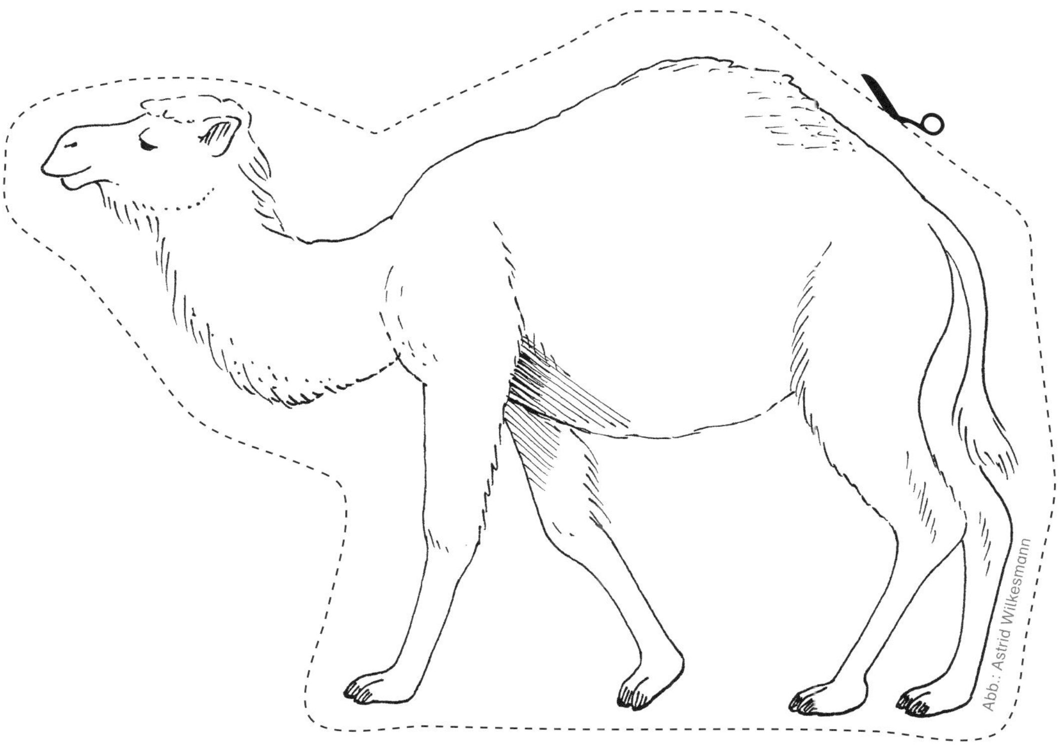

6. Josef in Potifars Haus/im Gefängnis

Unterrichtliches Handeln	Sozialform	Medien
Einstieg ➔ Lied: Strophe 5 ➔ Impuls: **Josef fühlt sich einsam. Zwar sitzt er nicht mehr in der Zisterne, aber ...** Sie legen ein Seil in die Mitte – Kinder antworten (Josef wird an eine vorbeiziehende Karawane verkauft)	Sitzkreis	Lied (S. 7/8), Seil
Begegnung ➔ Sie legen zu dem Seil verschiedene Gegenstände bzw. Bilder davon in die Mitte auf ein großes Tuch. ➔ Impuls: Der Reihe nach nimmt sich jedes Kind einen Gegenstand. **Du legst ihn vor dich auf den Boden. Ich möchte, dass du in einem ganzen Satz den anderen Kindern sagst, was du genommen hast** (z. B. „Ich nehme mir das Seil.") – So ist gewährleistet, dass die Gegenstände auch alle erkannt werden. Hinweis: Jedes Kind soll einen Gegenstand bekommen! ➔ Impuls: **Ich werde dir nun die Josefsgeschichte weiter erzählen. Sobald dein Gegenstand in der Erzählung vorkommt, darfst du ihn in die Mitte auf das Tuch legen.** ➔ Erzählung (Josef bei Potifar und im Gefängnis) ➔ Lied: Strophe 6	Sitzkreis	Tuch, Seil, Bildkarte Pyramide, Bild Markt, Krone (Fasching) o. Bild Krone, Bild Pyramide, Bild Helles Köpfchen, Bild Haus, Bild Gefängnis (S. 60–62), Wortkarte Aufseher (2-mal) (S. 29), Beutel mit ein paar Münzen, schöner Stoff, Stein, Jutestoffstücke; Erzählung (S. 27/28), Lied (S. 7/8)
Vertiefung ➔ Impuls: **Josef vertraut im Gefängnis ganz fest darauf, dass Gott ihn trotz allem nicht verlassen hat. Ich weiß nicht genau, ob mir das gelingen würde, wenn mich jemand so ungerecht behandeln würde wie die Frau von Potifar. Ich stelle mir gerade vor, ein Kind wird beschuldigt, etwas gestohlen zu haben, was es aber gar nicht getan hat. Und dafür wird es dann auch noch bestraft. Niemand verhindert, dass so etwas Ungerechtes passiert. Ob Gott trotzdem bei diesem Kind ist? ...** Kinderäußerungen (Meinungen werden gesammelt. Die Diskussion, warum Gott etwas Ungerechtes zulässt und nicht einschreitet, kann ruhig kurz zugelassen werden. Sie können dazu wahrheitsgemäß sagen, dass Sie auch oft nicht wissen, warum Gott etwas Ungerechtes zulässt. Sie können aber schon einen kleinen Ausblick geben, dass Gott tatsächlich immer bei Josef bleibt, was auch geschieht.) ➔ Gebet	Bei auftretender Unruhe kann auch im Plenum gesungen und gebetet werden	Gebet (S. 28)
Sicherung/Gestaltung ➔ Hefteintrag: *Gott lässt Josef auch im Gefängnis nicht allein.* ➔ AB: Auf das Gewand von Josef einen Streifen Jutestoff kleben als Zeichen für das raue Gefängnisgewand	EA	Kopiervorlage (S. 30), evtl. Textstreifen (S. 9)

Erzählung: „Josef bei Potifar und im Gefängnis“ (1/2)

Als Josef, am Kamel mit einem **Seil** angebunden, hinter der Karawane herstolpert, fragt er sich immer wieder: „Was soll nur aus mir werden? Dabei dachte ich nach meinen beiden seltsamen Träumen mit den Garben und mit den Sternen doch, dass Gott etwas ganz Besonderes mit mir vorhat. Warum hilfst du mir denn jetzt nicht, Gott? Ich versteh dich nicht!“
Josef zieht mit der Karawane nach Ägypten.
Das ist das Nachbarland von Kanaan, dem Land, aus dem Josef mit seiner Familie stammt. In Ägypten gibt es viele **Pyramiden**.
In der ägyptischen Hauptstadt gibt es einen großen **Markt**. Dort werden auch Sklaven zum Verkauf angeboten. Ein Sklave ist ein Mensch, der einem reichen Menschen gehört. Er muss sehr hart arbeiten und bekommt keinen Lohn dafür, oft nur wenig zu essen und wird häufig sehr schlecht behandelt. Auch Josef soll auf dem Markt als Sklave verkauft werden.
In der Hauptstadt wohnt der Pharao – das ist der ägyptische **König (Krone)**. Und dort wohnen auch ganz viele reiche und wichtige Menschen, die für den Pharao arbeiten.
Josef sieht ganz verloren aus, wie er da so zwischen den vielen anderen Sklaven steht.
Da kommt plötzlich ein sehr reich gekleideter Mann auf ihn zu. Es ist Potifar, der Chef der Soldaten, die den Pharao und seinen Palast bewachen.
Er ist ein sehr wichtiger Mann.
Potifar schaut Josef von oben bis unten an: „Na, sehr stark schaut mir dieser hier ja nicht aus.“ Und zum Händler gewandt, spricht er: „Ist der hier überhaupt gewohnt, zu arbeiten? Der hat ja ganz zarte Finger.“
Der Händler antwortet ihm schnell: „Lieber Herr, stellt euch vor, das ist ein ganz besonders kluger Sklave, ein richtig **helles Köpfchen**.“
Potifar überlegt noch ein bisschen: „Na gut, ich brauche eh noch jemanden, der mir ein bisschen bei all meinen wichtigen Geschäften zur Hand geht – einen persönlichen Diener, der auch ordentlich was im Köpfchen hat. Hier hast du dein **Geld (kleines Beutelchen mit ein paar Münzen)**!“
Josef muss also Potifar in sein Haus begleiten und dort sehr viel arbeiten. Doch Potifar merkt bald, dass Josef wirklich ein kluges Köpfchen ist, und so ernennt er ihn zum **Aufseher** über alle Sklaven und Diener, die er hat. Josef darf sein ganzes **Haus** verwalten. Und Josef macht seine Arbeit sehr gut!
Josef hat zwar schon manchmal Heimweh nach seiner Familie, aber trotzdem gefällt es ihm gut bei Potifar.
Hat Gott also doch noch alles gutgemacht?

Potifar hat eine Ehefrau, die es sich leisten kann, sich in ganz teure **Gewänder aus edlem Stoff** zu kleiden. Ihr ist aufgefallen, wie schön und wie klug Josef ist.
Josef merkt bald, dass die Frau von Potifar ihn lieber hat als ihren eigenen Mann. Sie möchte, dass Josef ihr Mann wird. Doch Josef sagt ihr, dass er das nicht richtig findet
Eines Tages sagt die Frau zu Josef: „Du, Josef, ich hab dich sehr gern. Bleib ein bisschen bei mir.“ Sie hält Josef an seinem Gewand fest. Er aber reißt sich los und rennt davon. Die Frau behält das Gewand von Josef in der Hand.
Als Potifar nach Hause kommt, berichtet seine Frau ihm, dass Josef sie zur Frau nehmen und sie umarmen wollte. „Schau“, spricht sie, „hier ist sein Gewand, das er bei mir gelassen hat.“
(Legen Sie eine kurze Pause ein. Die Kinder reagieren hier hoffentlich empört, dass Potifars Frau lügt.)

Als Potifar das hört, wird er sehr wütend auf Josef und lässt ihn ins **Gefängnis** werfen.
Nun sitzt Josef also im Gefängnis. Eigentlich müsste er jetzt wieder denken, dass er von allen Menschen und wohl auch von Gott verlassen ist.
Hier im Gefängnis ist es dunkel und kalt. Er sitzt auf hartem Steinboden **(Stein)**. Sein Gefängnisgewand ist aus rauem, kratzigem Stoff und hält gar nicht richtig warm **(Stoffstücke)**.
Aber Josef glaubt ganz fest daran, dass Gott etwas Besonderes mit ihm vorhat und ihn ganz bestimmt nicht allein lässt.

Erzählung: „Josef bei Potifar und im Gefängnis“ (2/2)

Und tatsächlich zeigt Gott Josef bald, dass er immer noch bei ihm ist. Denn Josef wird im Gefängnis **Aufseher** über die anderen Gefangenen, auch über zwei angesehene Männer, die für den Pharao arbeiteten. Sie hatten jedoch Unrechtes getan und mussten deshalb ins Gefängnis. Josef hat von Gott die Gabe bekommen, Träume richtig deuten zu können. Als die beiden angesehenen Männer eines Nachts seltsame Träume haben, deutet Josef die Träume und tatsächlich tritt ein, was Josef vorhergesagt hat.

Gebet

Einführende Worte:
Ich weiß, dass Gott auch heute noch bei uns ist, was auch geschieht, selbst wenn uns irgendetwas Ungerechtes angetan wird – Gott ist trotzdem da! Ich finde es sehr beruhigend, zu wissen, dass Gott auch dann da ist, wenn wir uns ganz einsam fühlen. Ich würde jetzt gerne mit Gott reden. Wenn du möchtest, kannst du in Gedanken mitbeten, und wenn du dem zustimmst, was ich zu Gott gesprochen habe, dann sag laut „Amen“ am Schluss des Gebets, denn Amen bedeutet: „So sei es – der Meinung bin ich auch!“

Gott,
manchmal weiß ich gar nicht, warum du etwas ganz Ungerechtes zugelassen hast. Aber ich bin froh darüber, dass du immer bei mir bist, auch wenn ich dich nicht sehen kann. Schön ist es, dass ich dir auch erzählen kann, was ich ganz furchtbar ungerecht fand. Es tut gut, zu wissen, dass du mir immer zuhörst.
Amen.

Wortkarten „Aufseher“

Wortkarten kopieren

Aufseher	Aufseher

Kopiervorlage „Gott lässt Josef nicht allein“

7. Josef deutet die Träume des Pharao und wird Minister

Unterrichtliches Handeln	Sozialform	Medien
Einstieg ➔ Lied: Strophe 6 ➔ Die Gegenstände und Wortkarten aus der letzten Stunde werden noch einmal durcheinander in die Mitte gelegt. Die Kinder bringen die Gegenstände in die (annähernd) richtige Reihenfolge und sprechen dazu. ➔ Impuls: **Josef ist sich ganz sicher, dass Gott auch im Gefängnis bei ihm ist!** ➔ Die Gegenstände werden zur Seite geräumt.	Sitzkreis	Lied (S. 7/8), Gegenstände aus der letzten Stunde
Begegnung ➔ Im Sitzkreis tun sich ca. fünf Kinder (je nach Gruppengröße) zusammen und puzzeln ein auseinandergeschnittenes Bild zusammen. ➔ Anschließend werden die fertigen Puzzles betrachtet, die Kinder beschreiben, was sie sehen. ➔ Impuls: **Was die Bilder zu bedeuten haben, erfährst du jetzt in unserer Josef-Geschichte.** ➔ Erzählung (Teil 1) ➔ Lied: Strophe 7 ➔ Erzählung (Teil 2) ➔ Lied: Strophe 8	Sitzkreis	4 Bilder (S. 63/64), die auseinander-geschnitten und in einem Umschlag aufbewahrt sind, Erzählung Teil 1 und 2 (S. 32), Lied (S. 7/8)
Vertiefung ➔ Impuls: **Wir wissen nun, was Gott Besonderes mit Josef vorhatte …** Kinder antworten (durch die Kornspeicher verhungern die Ägypter in der Dürrezeit nicht) ➔ Impuls: **Josef hat sich wohl nie vorstellen können, dass er mal der Stellvertreter des Pharao werden würde. All das Schlimme, das er erlebt hat (in der Zisterne, mit der Karawane laufen, als Sklave verkauft werden, im Gefängnis), hat Gott zum Guten gewendet. Ist das nicht toll?** ➔ Einleitende Worte und Gebet	Sitzkreis oder bei Unruhe Plenum (beim Gebet könnte man sich im Plenum stehend gegenseitig die Hände reichen)	Gebet (S. 33)
Sicherung/Gestaltung ➔ Hefteintrag: *Josef sorgt durch Kornspeicher dafür, dass die Menschen in Ägypten nicht hungern müssen. Durch diese tolle Idee wird Josef zum Stellvertreter des Pharao.* ➔ In den Ring wird bunt hineingeschrieben: *Gott macht alles gut!* ➔ Das Siegel wird mit Goldfolienstückchen beklebt. ➔ Hinweis: anhand des kopierten Ringes den Kindern noch einmal kurz erklären, was ein Siegelring ist (Siegel kann als Stempel benutzt werden, z. B. für wichtige Briefe; Dokumente mit einem Siegel waren besonders wichtig. Wer früher so einen Siegelring besaß, hatte viel Macht).	EA	Kopierter Ring (S. 33), für jedes Kind ein Stück Goldfolie (Kinder zerreißen es dann selber in kleine Stücke), Klebstoff, evtl. Textstreifen (S. 9)

Erzählung: „Josef deutet die Träume des Pharao“

Teil 1

Zwei Jahre befindet sich Josef nun schon im Gefängnis. Eines Nachts hat der Pharao, der König von Ägypten, einen Traum: Er steht am Ufer des Flusses Nil und sieht sieben Kühe aus dem Wasser steigen. Es sind sieben schöne, dicke Kühe, die im Schilf, das am Ufer wächst, weiden.

Nach ihnen steigen sieben hässliche, magere Kühe aus dem Nil und stellen sich neben sie. Da plötzlich fallen die mageren Kühe über die dicken Kühe her und fressen sie auf. Aber sie werden dadurch nicht dicker.

Der Pharao erwacht und schläft jedoch gleich wieder ein. Und erneut hat er einen Traum: Er sieht, wie auf einem einzigen Halm sieben schöne, volle Ähren wachsen. Danach sieht er einen Halm mit sieben ganz dürren, vertrockneten Ähren. Die dürren Ähren verschlingen die schönen, vollen Ähren.

Am nächsten Morgen lässt der Pharao Traumdeuter zu sich kommen, damit sie ihm diese beiden seltsamen Träume deuten. Doch keiner kann dem Pharao die Träume erklären.

Da erinnert sich ein Diener des Pharao an Josef, mit dem er vor einigen Jahren im Gefängnis saß. Ihm fällt wieder ein, dass Josef Träume deuten kann. Er hat es ja damals im Gefängnis für seine Mitgefangenen auch getan und tatsächlich traf jedes Mal genau das ein, was Josef vorausgesagt hatte. Der Diener erzählt dem Pharao von Josef. „Josef soll vor meinem Thron erscheinen!“, befiehlt der Pharao.

(frei nach Gen 41,1–14a)

Teil 2

Josef wird aus dem Gefängnis geholt. Er muss sich die Haare schneiden lassen und gute Kleider anziehen. Dann tritt er vor den Pharao. Der sagt zu ihm: „Ich habe etwas geträumt und niemand kann mir sagen, was es bedeutet. Man hat mir gesagt, dass du jeden Traum auf der Stelle deuten kannst.“

„Nicht ich kann Träume deuten“, erwidert Josef, „aber Gott kann durch mich dem Pharao sagen, was er vorhat.“

Da erzählt der Pharao Josef seine Träume. Josef hört genau zu. Als der Pharao geendet hat, sagt Josef: „Beide Träume bedeuten dasselbe. Die sieben dicken Kühe und die sieben saftigen Halme bedeuten sieben gute Jahre. Da wächst viel Getreide, Obst und Gemüse im ganzen Land Ägypten.

Die sieben mageren Kühe und die sieben dürren Ähren bedeuten, dass sieben Hungerjahre auf Ägypten zukommen. Das Getreide, Obst und Gemüse vertrocknet. Menschen und Tiere werden Hunger haben. Sie werden alles aufessen, was von den guten Jahren übrig geblieben ist. Und weil der Pharao das gleich zweimal geträumt hat, will Gott ihm damit sagen, dass alles so geschehen wird.“

Josef spricht weiter: „Ich möchte dem Pharao einen Rat geben: Bau große Vorratshäuser. Lass in den sieben guten Jahren einen Teil der Ernte in diese Vorratshäuser bringen. Wenn die sieben dürren Jahre kommen, haben wir so viele Vorräte, dass niemand Hunger leiden muss.“

Der Pharao spricht zu seinen Beratern: „Gott hat durch Josef gesprochen und mir einen guten Rat gegeben. Wir finden keinen, der klüger ist als Josef.“ Zu Josef sagt er: „Ab jetzt sollst du mein Stellvertreter sein und mein ganzes Volk soll dir gehorchen.“ Er streift sich seinen Siegelring vom Finger und steckt ihn an Josefs Finger. Dieser Ring ist nun das Zeichen dafür, dass Josef der Stellvertreter des Pharao ist. Der Pharao lässt Josef in feinste Stoffe kleiden und legt ihm eine goldene Halskette um.

So wird Josef ein reicher und mächtiger Mann.

(frei nach Gen 41,14b–42)

Gebet

Einleitende Worte:
Ich kann mir vorstellen, dass es auch in deinem Leben Dinge gibt, die schlimm sind. Vielleicht ist dein Haustier gestorben oder deine Eltern wollen sich scheiden lassen. Das ist schlimm und macht dich sicher sehr traurig. Vielleicht können wir Gott in einem Gebet darum bitten, dass er auch das Schlimme in deinem Leben zum Guten wendet. Das heißt nicht, dass dein Haustier plötzlich wieder lebendig wird oder dass deine Eltern sich plötzlich wieder vertragen. Gott handelt oft ganz anders, als wir es erwarten oder uns wünschen. Aber er macht es sicher gut. Darauf können wir uns verlassen!

Lieber Gott,
du siehst in unsere Herzen hinein und siehst, was uns traurig macht. Ich möchte dich ganz fest bitten, dass du gutmachst, was uns im Moment schlimm erscheint. Ich danke dir dafür, dass du immer bei uns bist.
Amen

Kopiervorlage „Siegelring“

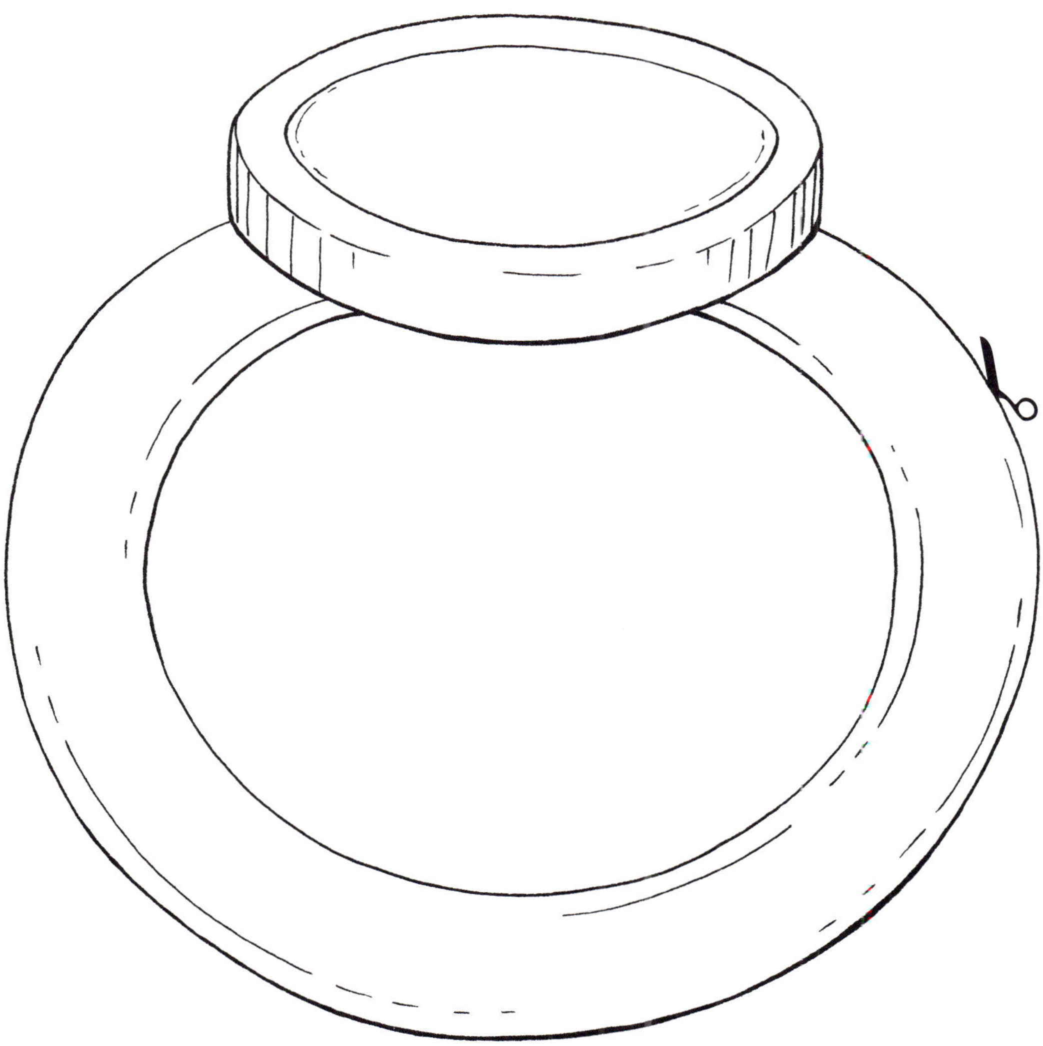

8. Die Brüder kommen zu Josef

Unterrichtliches Handeln	Sozialform	Medien
Einstieg → Lied: Strophe 7, 8 → Stummer Impuls: Bilder der letzten Stunde (magere und fette Kühe; magere und fette Ähren) auslegen … Kinder wiederholen → Impuls: **Josef hat auch gleich eine Lösung für das Problem mit den sieben dürren Jahren …** Kinder antworten	Sitzkreis	Lied (S. 7/8) Bilder der letzten Stunde (S. 63/64)
Begegnung → Sie stellen einen silbernen Becher (alternativ ein Bild) in die Mitte. → Impuls: **Wer wohl aus solch einem edlen Becher trinken mag? …** Kinder antworten (reiche Leute, Könige …) → „Schau nicht um, der Fuchs geht um" (Plumpsack) wird ein bisschen abgeändert mit dem Silberbecher (oder einem Alternativbecher) gespielt: Alle Kinder sitzen im Kreis. Zu Musik läuft ein Kind mit dem Becher außen um den Kreis herum und legt den Becher heimlich einem Kind hinter den Rücken. Die Kinder im Kreis dürfen aber nur hinter ihren Rücken fühlen, nicht schauen! Erfühlt das Kind den Becher, muss es das andere Kind zu fangen versuchen. → Impuls: **In unserer Josefsgeschichte geht es heute auch um einen Becher, der bei jemandem versteckt wurde.** → Erzählung (Josefs Brüder in Ägypten)	Sitzkreis	silberner Becher oder Bild (S. 36), für das Spiel Alternativbecher in Alufolie gewickelt, falls kein Silberbecher vorhanden Erzählung (S. 35/36)
Vertiefung → Impuls: **Das war ja schon ganz schön fies von Josef, dass er den silbernen Becher in Benjamins Sack versteckt hat …** Kinder antworten (Josef möchte testen, ob die Brüder zu ihrem Bruder halten oder Benjamin auch einfach zurücklassen, so wie Josef damals in der Zisterne). → Impuls: **Ich finde es gut, dass Josef den Brüdern eine zweite Chance gibt, um ihm zu zeigen, ob sie sich vielleicht geändert haben und nun zu ihrem kleinen Bruder Benjamin halten. Oder lassen sie ihn auch im Stich, so wie damals Josef? Noch wissen wir das nicht …** Kinder können ihre Vermutungen äußern → Impuls: **Ich muss gerade daran denken, dass ich von meiner Mutter früher auch immer eine zweite Chance bekommen habe. Ich konnte dann zeigen, dass ich mein Verhalten ändern kann. Kennst du das auch? …** Kinder erzählen, wann sie schon einmal eine zweite Chance erhalten haben → Lied: Strophe 9	Sitzkreis (bei entstehender Unruhe Plenum)	 Lied (S. 7/8)
Sicherung/Gestaltung → Hefteintrag: *Auch im Land Kanaan herrscht Hunger. Die Brüder kommen nach Ägypten, um Korn zu kaufen. Sie werden von Josef auf die Probe gestellt.* → Mit einer Schablone zeichnet jedes Kind einen Becher auf Silberfolie und schneidet ihn aus. → Auf die Rückseite wird mit einem gespitzten Bleistift auf weicher Unterlage ein Muster aufgezeichnet. Auf der Vorderseite kann man dann die Struktur des Musters erkennen. Der Becher wird ins Heft geklebt.	EA	Schablonen (S. 37), von Ihnen auf Karton aufgezeichnet und ausgeschnitten – ca. für 4 Kinder eine, ein Stück Bastel- oder Prägefolie in Silber für jedes Kind, weiche Unterlage, evtl. Textstreifen (S. 9)

Erzählung: „Josefs Brüder in Ägypten“ (1/2)

Heute sind wir nicht in Ägypten bei Josef, sondern wollen einmal schauen, wie es den Brüdern und Jakob, dem Vater von Josef, geht. Nicht nur in Ägypten haben die sieben dürren Jahre begonnen. Auch in Kanaan, in dem Land, in dem Josefs Familie wohnt, ist das Getreide und das Obst und Gemüse knapp geworden. Es herrscht Hunger.
Jakob hat erfahren, dass es in Ägypten noch genug Getreide geben soll. Er ruft seine Söhne herbei: „Hört mal her, ich weiß, dass man in Ägypten noch Getreide kaufen kann. Dort scheint es genug zu geben. Wenn wir nicht verhungern wollen, dann müsst ihr nun dort hinreisen.
Benjamin, euer jüngster Bruder, soll aber bei mir bleiben. Ich habe Angst, dass ihm etwas zustoßen könnte, genauso wie meinem lieben Josef.“ Jakob denkt ja immer noch, dass Josef von wilden Tieren getötet worden sei.
Also machen sich alle Brüder bis auf Benjamin auf den Weg nach Ägypten. Nach einiger Zeit kommen sie in der Hauptstadt von Ägypten an und finden das Haus, in dem Josef das Getreide verteilt.
Als sie vor Josef stehen, erkennen sie ihn aber nicht, denn es sind ja viele Jahre vergangen. Außerdem hat Josef nun teure Kleider an und auch einen ganz anderen Haarschnitt – wie ein Ägypter.
Josef erkennt seine Brüder gleich, aber er gibt sich ihnen nicht zu erkennen. Er denkt daran, wie gemein sie damals mit ihm umgegangen sind, und sagt streng: „Woher kommt ihr?“
„Aus Kanaan kommen wir. Und wir möchten gerne Getreide kaufen“, antworten die Brüder.
Aber Josef sagt drohend: „Ihr seid doch alle Spione und wollt auskundschaften, wo man unser Land überfallen kann.“
Die Brüder antworten aufgeregt: „Nein, das stimmt nicht. Wir gehören zur Familie unseres Vaters Jakob. Unser jüngster Bruder Benjamin ist beim Vater geblieben und ein Bruder ist schon vor Jahren gestorben.“
Seinen Dienern befiehlt Josef aber: „Werft sie ins Gefängnis. Ich glaube ihnen nicht.“
Nach drei Tagen lässt Josef die Brüder wieder zu sich holen und spricht: „Holt euren jüngsten Bruder Benjamin hierher, dann will ich euch glauben. Euer Bruder Simeon muss so lange hier im Gefängnis bleiben.“
Die Brüder sind sehr traurig. Ruben, der Älteste, sagt: „Das ist jetzt die Strafe dafür, dass wir damals Josef in die Zisterne geworfen haben.“
Josef hört, was die Brüder untereinander sagen, und seine Augen füllen sich mit Tränen. Schnell wendet er sich ab, damit die Brüder es nicht sehen können. Simeon wird ins Gefängnis gebracht und die Säcke der Brüder werden mit Getreide gefüllt.
Die Brüder machen sich ohne Simeon nun wieder auf den Heimweg.

Als die Brüder wieder zu Hause ankommen, erzählen sie ihrem Vater Jakob, dass Benjamin mit nach Ägypten soll, damit Simeon aus dem Gefängnis freigelassen werden kann. Darüber ist Jakob sehr traurig, denn er fürchtet, dass er seinen jüngsten Sohn nun auch verlieren könnte. Doch nach einiger Zeit ist das Korn aus den Säcken aufgebraucht und Jakob bleibt nichts anderes übrig, als die Brüder mit Benjamin nach Ägypten ziehen zu lassen. Sonst würden sie verhungern.
Die Brüder ziehen nach Ägypten und Jakob betet zu Hause in Kanaan: „Lieber Gott, mach, dass Simeon freigelassen wird und dass alle meine Söhne wieder gut nach Hause kommen.“
In Ägypten angekommen, empfängt Josef die Brüder freundlich: „Ich weiß nun, dass ihr die Wahrheit gesagt habt. Seid meine Gäste und esst und trinkt mit mir.“ Auch Simeon wird freigelassen und isst mit.
Beim Essen betrachtet Josef immer wieder seinen kleinen Bruder Benjamin. Er freut sich so, ihn endlich wiederzusehen.
Doch Josef will die Brüder ein letztes Mal auf die Probe stellen. Er befiehlt einem Diener: „Füll die Säcke der Männer mit Getreide. Gib ihnen so viel, wie sie gerade noch tragen können. Und in den Sack des Jüngsten legst du dazu meinen Becher, du weißt schon, den silbernen.“

Erzählung: „Josefs Brüder in Ägypten" (2/2)

Am nächsten Morgen laden die Brüder die Säcke auf ihre Esel und machen sich auf den Heimweg. Sie sind noch nicht weit gekommen, da werden sie vom Diener des Josef eingeholt und zornig angesprochen:

„Ihr habt den Becher meines Herrn gestohlen! Wir sollen den Dieb finden und ins Gefängnis bringen."
(spontane Schüleräußerungen)

(frei nach Gen 42,1–44,10)

Bild „Becher" als Alternative zum echten Becher

Kopiervorlage „Becher“

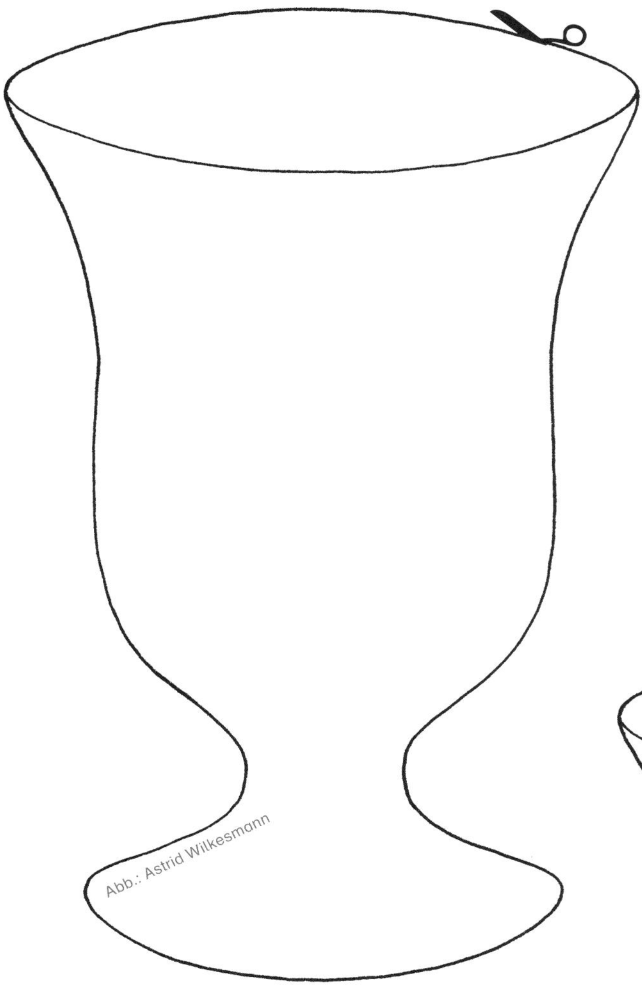

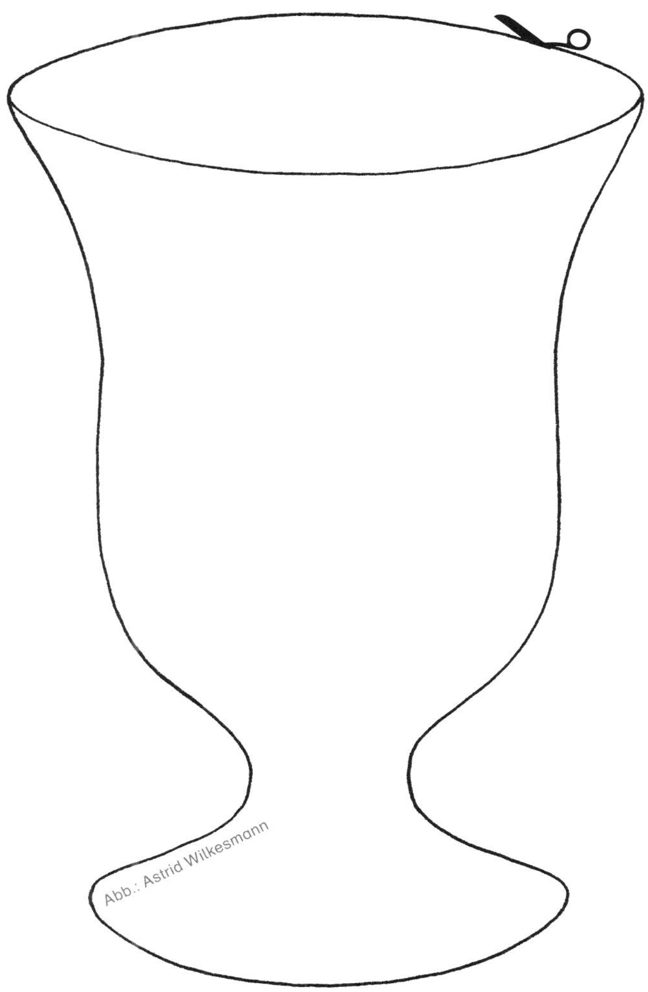

9. Das große Versöhnungsfest

Unterrichtliches Handeln	Sozialform	Medien
Einstieg → Lied: Strophe 9 → Stummer Impuls: silbernen Becher in die Mitte stellen (alternativ: Bild) … Kinder wiederholen	Sitzkreis	Lied (S. 7/8), silberner Becher oder Bild davon (S. 36)
Begegnung → Impuls: **Wie es wohl weitergeht mit den Brüdern? …** Kinder stellen Vermutungen an → Erzählung (Die Versöhnung Josefs mit den Brüdern) → Lied: Strophe 10	Sitzkreis	Erzählung (S. 39), Lied (S. 7/8)
Vertiefung → Impuls: **Wir haben gesehen, dass Gott Josef tatsächlich nie im Stich gelassen hat, obwohl es manchmal gar nicht so aussah, als ob es Gott gut mit Josef meint. Du erinnerst dich sicher noch an solche düsteren Momente in Josefs Leben …** Kinder wiederholen und legen einen dunklen Muggelstein auf ein Tuch in der Mitte → Impuls: **Doch Josef hat immer gemerkt, dass Gott bei ihm ist …** Kinder wiederholen Ereignisse aus Josefs Leben, die aufzeigen, dass Gott es gut mit ihm meint. Dazu legen sie bunte Muggelsteine auf das Tuch. → Impuls: **Schau, an unseren Muggelsteinen siehst du, wie es bei all den dunklen Momenten in Josefs Leben doch immer wieder gute Momente gab, die ihm gezeigt haben, dass Gott bei ihm ist.** → Impuls: **Wir wollen uns mit Josef und seiner Familie mitfreuen, dass Gott alles gutgemacht hat. Und wir wollen uns auch darüber freuen, dass Gott auch uns nie im Stich lässt. Er ist heute und alle Tage bei uns, genauso wie er damals bei Josef war! Wenn Menschen sich freuen, dann tanzen sie oft vor Freude. Früher hat man das noch häufiger gemacht als heute. Wir wollen so einen Freudentanz mal ausprobieren.** → Tanz → Alternativ für Lehrpersonen, die nicht so gerne tanzen: Es kann auch gemeinsam gegessen werden, denn auch das gemeinsame Essen ist ein Ausdruck der Freude (zum Beispiel Fladenbrot mit Frischkäse oder einfach nur Salzstangen und Apfelschnitze – auf etwaige Allergien der Kinder achten).	Sitzkreis/ Stehkreis	Tuch, schwarze und bunte Muggelsteine (Anzahl je nach Größe der Lerngruppe), für den Tanz: bunte Tücher, fröhliche Musik und Abspielgerät (oder alternativ: Zutaten für gemeinsames Essen – Fladenbrot etc.), Tanzanleitung (S. 39)
Sicherung/Gestaltung → Hefteintrag (quer): *Josef, seine Brüder und sein Vater sind nun wieder zusammen. Gott hat Josef nie im Stich gelassen!* → 3 Puzzleteile (Josef, Jakob, die Brüder) werden ausgeschnitten, mit „Josef", „Jakob" und „Brüder" beschriftet, im Heft zusammengefügt und aufgeklebt. → Impuls zu den Puzzleteilen: **Gott hat die Familie von Josef wieder zusammengefügt. Das kannst du gut an deinen Puzzleteilen erkennen.** → Die Puzzleteile können angemalt werden.	EA	Arbeitsblatt mit Puzzleteilen (S. 40), Schere, Klebstoff, Buntstifte, evtl. Textstreifen (S. 9)

Erzählung: „Die Versöhnung Josefs mit den Brüdern“

Nacheinander müssen die Brüder für Josefs Diener ihre Säcke öffnen. Zuletzt wird Benjamins Sack geöffnet. Dort liegt der silberne Becher ganz oben auf dem Getreide.
Die Brüder werden zu Josef gebracht.
Sie sind ganz durcheinander und haben Angst.
Wie kam der Becher nur in Benjamins Sack?
Was wird nun aus Benjamin?
Doch einer von den älteren Brüdern tritt ohne Zögern vor Josef. Er spricht: „Verehrter Herr, nehmt mich anstelle von Benjamin gefangen. Unser Vater würde es vor Schmerz nicht überleben, wenn Benjamin nicht wieder zu ihm zurückkäme.“
Josef begreift, dass die Brüder sich geändert haben und nun füreinander einstehen. Er ist so froh darüber, dass er vor Freude weinen muss.
„Ich bin es doch, euer Bruder Josef!“, ruft er laut.
Die Brüder sind sprachlos. Josef lebt? Kann das denn wahr sein? Sie können es kaum glauben.
Aber ist Josef wirklich nicht mehr böse auf sie?
Er spricht: „Ihr braucht euch nicht zu fürchten. Ich strafe euch nicht. Gott hat es so gewollt. Er hat mich nach Ägypten gebracht, um viele Menschen vor dem Hungertod zu retten.“
Da begreifen die Brüder endlich: Es ist tatsächlich wahr. Josef lebt und er ist nicht mehr böse auf sie!
Jubelnd umarmen sich alle.
Welch große Freude ist es, dass sich die Brüder mit Josef versöhnen können.
Die Brüder kehren schnell heim zum Vater und erzählen ihm, dass Josef noch lebt und nun der Stellvertreter des Pharao ist. Jakob kann es kaum glauben. Er ruft: „Josef lebt noch? Ich muss hin und ihn sehen, ehe ich sterbe.“
In Ägypten kann Jakob endlich wieder seinen Sohn Josef in die Arme schließen. Jakob zieht mit all seinen Söhnen und ihren Familien nach Ägypten und Josef sorgt sehr gut für sie.
Gott hat alles gutgemacht!

(frei nach Gen 44,11–47,12)

Freudentanz

- ➔ Es wird im Kreis getanzt.
- ➔ Nun beginnt nach einer fröhlichen Musik der Tanz im schnellen „Pilgerschritt“: rechts beginnend, 3 Schritte in Tanzrichtung (rechts, links ran, rechts), ein Schritt (Gewicht auf linken Fuß) zurückwiegen – 4-mal
- ➔ dann stehen bleiben und sich einen Takt lang um die eigene Achse drehen – 1-mal
- ➔ nun wieder den Pilgerschritt in die gleiche Richtung wie vorher fortsetzen – 4-mal
- ➔ dann Drehung – 1-mal
- ➔ …
- ➔ am Ende des Tanzes mit Pilgerschritt zur Mitte kommen; in der Mitte angekommen, fröhlich winken

Der Tanz kann natürlich beliebig variiert werden!
Auch können Sie den Kindern bunte Tücher zum Tanzen geben.

Kopiervorlage „Puzzleteile“

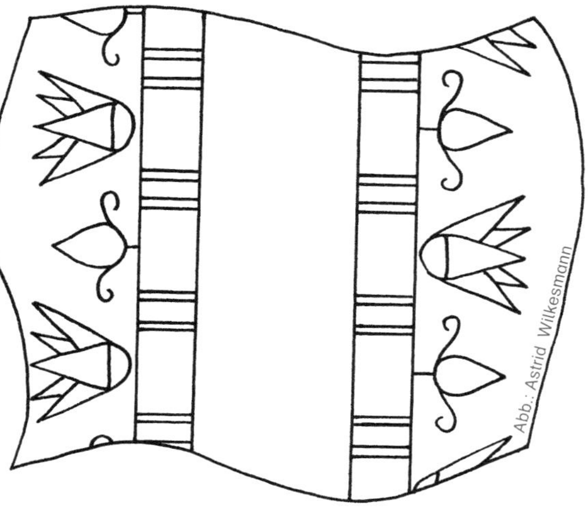

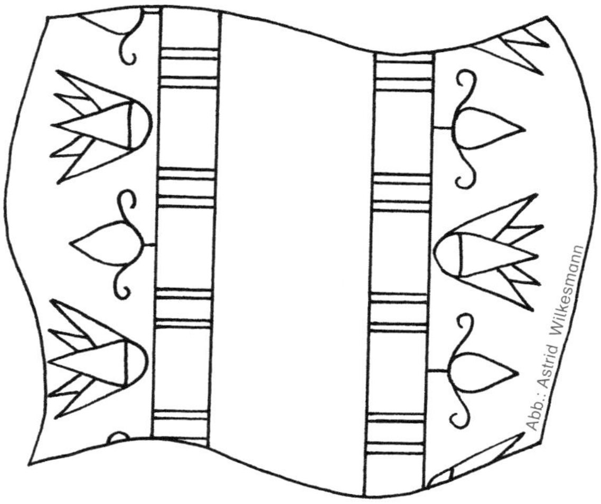

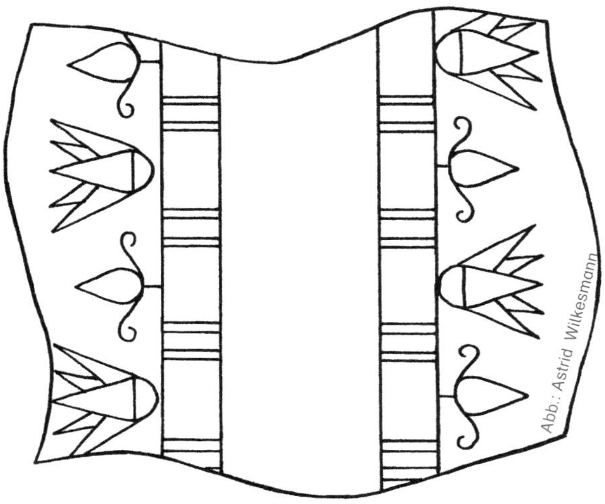

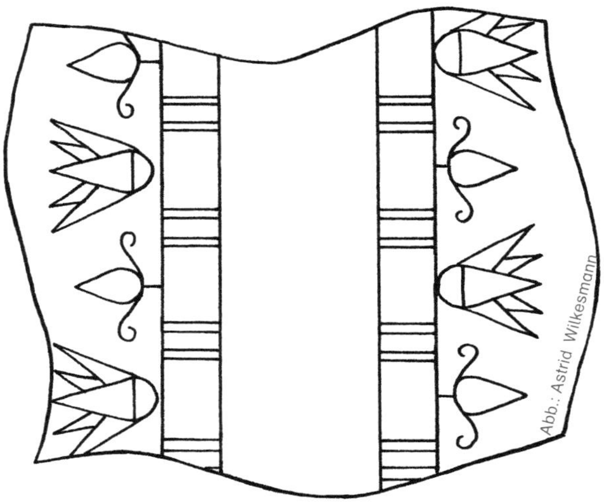

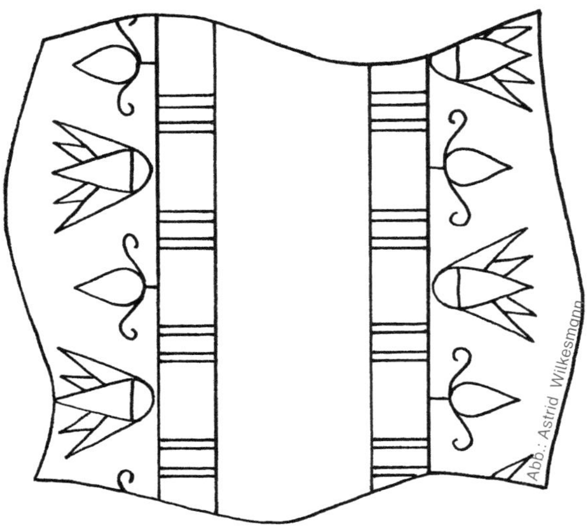

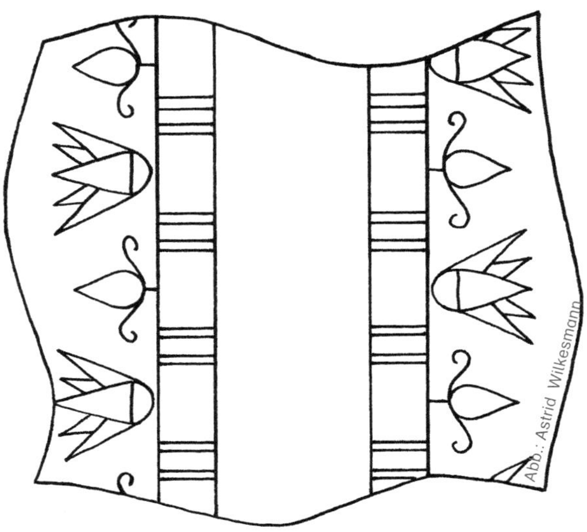

Anleitung für das Josefsbuch (1/2)

Das Büchlein eignet sich für Kinder Ende der ersten oder in der zweiten Klasse, da der Lese-Schreiblernprozess schon weitestgehend abgeschlossen sein muss, um den jeweiligen Lückentext bearbeiten zu können. Bei jahrgangsübergreifenden Klassen kann allerdings auch im Team gearbeitet werden, das heißt, dass immer ein*e Erst- und ein*e Zweitklässler*in zusammenarbeiten und dem*der Erstklässler*in so Hilfestellung gegeben werden kann.
An jeder Station nimmt sich das Kind ein Textblatt mit entsprechendem Lückentext. Erst wird der Text bearbeitet, dann wird das Kleid entsprechend dem ausliegenden Bastelmaterial gestaltet.

Tipp: Die Textblätter in einer Folie an die entsprechende Station legen; das Bastelmaterial in einem entsprechend großen Kästchen an der Station bereitstellen. Die Stationskarten mit den Arbeitsaufträgen werden auf festes DIN-A4-Papier geklebt. Das DIN-A4-Papier zur Hälfte falten und aufstellen.
Klebstoff, Schere und Mäppchen bringen die Kinder zu den einzelnen Stationen selbst mit.

Sind alle Stationen bearbeitet worden, werden die Blätter vom Kind in die richtige Reihenfolge gebracht (siehe Seitenzahlen). Anschließend helfen Sie beim Zusammentackern der Seiten.
Wer möchte, kann dann noch die nicht ganz so schönen Tackerklammern unter einem bunten Klebeband verstecken.

Material und Aufgaben für die Stationen:

1. Station **„neues Gewand“:**
- ➔ Stationskarte 1
- ➔ Textblatt Seite 1
- ➔ Strasssteine (für jedes Kind 5 Stück)

Die Kinder malen mit ihren Buntstiften das Gewand bunt an und kleben 5 Strasssteine darauf.

2. Station **„schmutziges Gewand“:**
- ➔ Stationskarte 2
- ➔ Textblatt Seite 2
- ➔ schwarze und braune Tonpapierreste (für jedes Kind ein braunes und ein schwarzes Stück, ca. 5 x 5 cm groß)

Die Kinder zerreißen jeweils ein schwarzes und ein braunes Tonpapierstück in kleine Schnipsel und bekleben damit das Gewand. Die Schnipsel sollen den Schmutz in der Zisterne symbolisieren.

Anleitung für das Josefsbuch (2/2)

3. Station „**sandiges Gewand**“:
- → Stationskarte 3
- → Textblatt Seite 3
- → feines Schleifpapier (für jedes Kind ein Stück, ca. 5 x 5 cm groß)

Die Kinder malen das Gewand mit ihren Buntstiften braun an und kleben dann das Schmirgelpapier auf, das sie in kleine Stücke geschnitten oder gerissen haben.

4. Station „**Gefängnisgewand**“:
- → Stationskarte 4
- → Textblatt Seite 4
- → Jutestoff (für jedes Kind zwei Stück, bereits von Ihnen zurechtgeschnitten)

Die Kinder kleben zwei Jutestücke auf das Gewand.

5. Station „**Herrschergewand**“:
- → Stationskarte 5
- → Textblatt Seite 5
- → Goldpapier (für jedes Kind ein Stück DIN-A6 Goldpapier)

Die Kinder reißen das Goldpapier in Stückchen und bekleben damit das Gewand.

6. Station „**Festtagsgewand**“:
- → Stationskarte 6
- → Textblatt Seite 6
- → selbstklebende Regenbogenfolie (holografische Folie, für jedes Kind ein Stück, ca. 5 x 5 cm)

Die Kinder malen mit ihren Buntstiften das Gewand bunt aus. Ihr Folienstück schneiden sie in kleine Stücke und kleben sie zum Zeichen der Freude über das Wiedersehen auf das Gewand.

Deckblatt:
Das Deckblatt wird auf **buntes Tonpapier** (DIN A4 quer) kopiert. Es wird um die losen Buchseiten geschlagen.
Das Deckblatt wird von den Kindern selbst gestaltet. Dazu sollen sie Dinge malen, die mit der Josefsgeschichte in Verbindung gebracht werden können (z. B. ein Kamel, die Brüder …).

Bei Ihnen am Pult liegen das **bunte Klebeband** und der **Tacker** bereit. Sie helfen beim Binden der Josefsbücher. Dazu werden die losen Seiten in der richtigen Reihenfolge in das Deckblatt eingelegt und dann geheftet. Am Ende werden die Heftnadeln evtl. mit buntem Klebeband überklebt.

Stationenkarten für das Josefsbuch

Josefsbuch
Seite 1

Neues Gewand

1. Fülle den Lückentext aus.
2. Male Josefs Gewand mit bunten Farben an.
3. Klebe **5** Schmucksteine auf Josefs Gewand.

Josefsbuch
Seite 2

Schmutziges Gewand

1. Fülle den Lückentext aus.
2. Nimm **ein** braunes und **ein** schwarzes Stück Papier.
3. Zerreiße beide Papierstücke in kleine Stückchen und klebe sie auf Josefs Gewand.

Josefsbuch
Seite 3

Sandiges Gewand

1. Fülle den Lückentext aus.
2. Male Josefs Gewand braun an.
3. Schneide **ein** Stück Sandpapier in kleine Stückchen und klebe sie auf Josefs Gewand.

Josefsbuch
Seite 4

Gefängnisgewand

1. Fülle den Lückentext aus.
2. Nimm **2** Stücke Jutestoff.
3. Klebe sie auf Josefs Gewand.

Josefsbuch
Seite 5

Herrschergewand

1. Fülle den Lückentext aus.
2. Nimm dir **ein** Stück Goldpapier.
3. Zerreiße es in kleine Stückchen und klebe es auf Josefs Gewand.

Josefsbuch
Seite 6

Festtagsgewand

1. Fülle den Lückentext aus.
2. Male Josefs Gewand mit bunten Farben an.
3. Schneide **ein** Stück Regenbogenpapier in kleine Stückchen und klebe sie auf Josefs Gewand.

Mein Josefsbuch (1/7)

Mein Josefsbuch

von ……………………………………

Mein Josefsbuch (2/7)

Abb.: Astrid Wilkesmann

Josef lebt mit seinem Vater ……………………

und seinen …………………… Brüdern in der

Wüste. Sie sind …………………….

Eines Tages bekommt …………………… ein

schönes, neues …………………… von seinem

Vater. Jakob liebt seinen Sohn Josef ganz

……………………. Die anderen Brüder sind

…………………….

(Nomaden, wütend, 11, Gewand, Jakob, Josef, besonders) 1

Abb.: Astrid Wilkesmann

Josef lebt mit seinem Vater ……………………

und seinen …………………… Brüdern in der

Wüste. Sie sind …………………….

Eines Tages bekommt …………………… ein

schönes, neues …………………… von seinem

Vater. Jakob liebt seinen Sohn Josef ganz

……………………. Die anderen Brüder sind

…………………….

(Nomaden, wütend, 11, Gewand, Jakob, Josef, besonders) 1

Mein Josefsbuch (3/7)

Abb.: Astrid Wilkesmann

Josef hat 2 seltsame ....
Im ersten Traum verneigen sich seine Brüder als
.... vor ihm. Im zweiten Traum
verneigen sich seine Brüder als ....
vor ihm. Die Brüder sind zornig. Doch hat Gott
vielleicht etwas .... mit Josef
vor? Die Brüder sind so wütend, dass sie Josef in
eine .... werfen.
(Garben, Besonderes, Träume, Zisterne, Sterne) 2

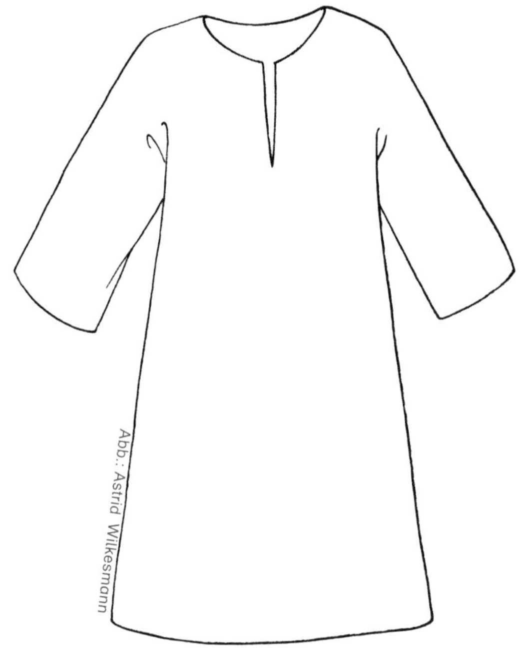

Abb.: Astrid Wilkesmann

Josef hat 2 seltsame ....
Im ersten Traum verneigen sich seine Brüder als
.... vor ihm. Im zweiten Traum
verneigen sich seine Brüder als ....
vor ihm. Die Brüder sind zornig. Doch hat Gott
vielleicht etwas .... mit Josef
vor? Die Brüder sind so wütend, dass sie Josef in
eine .... werfen.
(Garben, Besonderes, Träume, Zisterne, Sterne) 2

Mein Josefsbuch (4/7)

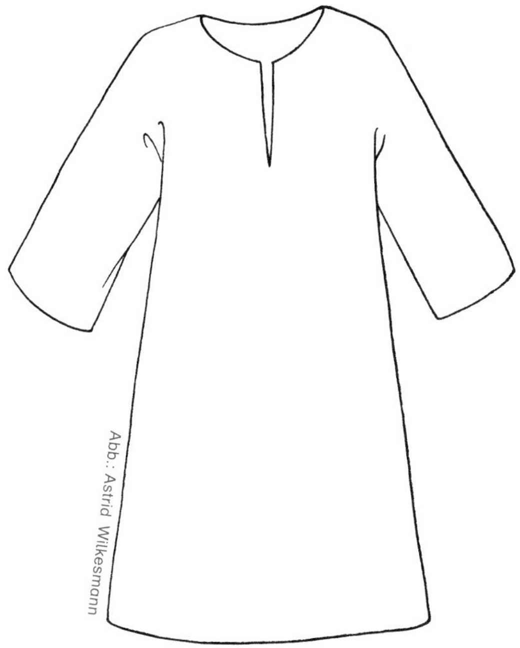

Abb.: Astrid Wilkesmann

Josef wird von seinen Brüdern an vorbeiziehende
.... verkauft. In ....
wird er an den reichen Mann ....
verkauft. Potifar sieht, dass Josef sehr ....
ist und macht ihn zum .... übcr
all seine Diener.

(Aufseher, Ägypten, klug, Händler, Potifar)

3

Abb.: Astrid Wilkesmann

Josef wird von seinen Brüdern an vorbeiziehende
.... verkauft. In ....
wird er an den reichen Mann ....
verkauft. Potifar sicht, dass Josef sehr ....
ist und macht ihn zum .... über
all seine Diener.

(Aufseher, Ägypten, klug, Händler, Potifar)

3

Mein Josefsbuch (5/7)

Abb.: Astrid Wilkesmann

Die Frau von Potifar möchte Josef zum Mann haben. Josef weiß, dass das ………… ist. Doch die Frau ………… und erzählt Potifar: „Josef möchte mein ………… sein.“ Potifar lässt Josef deshalb ins ………… werfen.

(Gefängnis, falsch, Mann, lügt)

4

Abb.: Astrid Wilkesmann

Die Frau von Potifar möchte Josef zum Mann haben. Josef weiß, dass das ………… ist. Doch die Frau ………… und erzählt Potifar: „Josef möchte mein ………… sein.“ Potifar lässt Josef deshalb ins ………… werfen.

(Gefängnis, falsch, Mann, lügt)

4

Mein Josefsbuch (6/7)

Abb.: Astrid Wilkesmann

Der .... träumt: 7 ....
Kühe werden von 7 dürren Kühen gefressen;
7 fette Ähren werden von 7 ....
Ähren gefressen. Josef deutet mit Gottes Hilfe die
Träume: „Es kommen 7 gute und 7 schlechte
Jahre. Lass ....
bauen, dann muss niemand hungern.“ Der Pharao
macht Josef zu seinem ....

(Stellvertreter, dürren, Pharao, Kornspeicher, fette)

5

Abb.: Astrid Wilkesmann

Der .... träumt: 7 ....
Kühe werden von 7 dürren Kühen gefressen;
7 fette Ähren werden von 7 ....
Ähren gefressen. Josef deutet mit Gottes Hilfe die
Träume: „Es kommen 7 gute und 7 schlechte
Jahre. Lass ....
bauen, dann muss niemand hungern.“ Der Pharao
macht Josef zu seinem ....

(Stellvertreter, dürren, Pharao, Kornspeicher, fette)

5

Mein Josefsbuch (7/7)

Abb.: Astrid Wilkesmann

In den 7 dürren Jahren kommen die ………… von Josef nach Ägypten. Sie wollen ………… kaufen. Josef erkennt: Die Brüder haben sich geändert. Er sagt: „Ich bin es, Josef! Habt keine Angst. ………… hat es so gewollt. Er hat mich die ganze Zeit …………." Der Vater Jakob wird nach Ägypten geholt. Alles ist gut.

(Gott, Brüder, Getreide, begleitet)

6

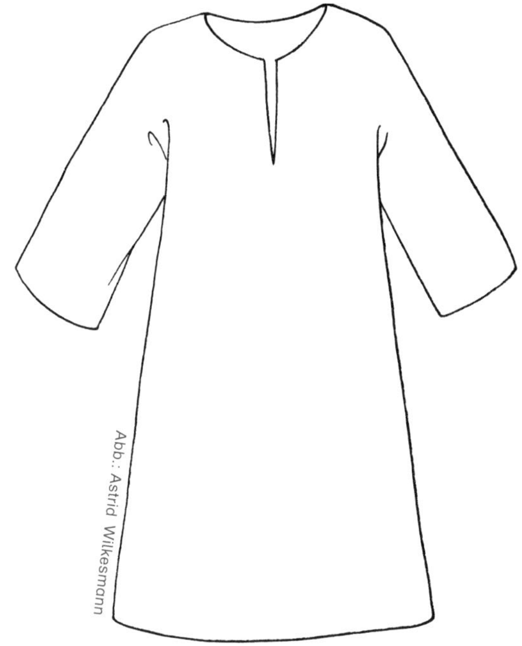

Abb.: Astrid Wilkesmann

In den 7 dürren Jahren kommen die ………… von Josef nach Ägypten. Sie wollen ………… kaufen. Josef erkennt: Die Brüder haben sich geändert. Er sagt: „Ich bin es, Josef! Habt keine Angst. ………… hat es so gewollt. Er hat mich die ganze Zeit …………." Der Vater Jakob wird nach Ägypten geholt. Alles ist gut.

(Gott, Brüder, Getreide, begleitet)

6

Anleitung für die Klammerkarten

Die Klammerkarten werden je nach Größe der Lerngruppe mehrmals kopiert. Der Rand mit den Lösungskästchen wird nach hinten geknickt. Anschließend wird die Karte laminiert. An jede Karte wird eine Büro- oder Wäscheklammer gesteckt. Die Kinder lesen die Fragen und befestigen die Klammer jeweils an der richtigen Antwort. Auf der Rückseite kontrollieren die Kinder selbstständig.

Tipp: Klemmen Sie an jede Karte sechs kleine Klammern, so wird die Karte erst nach dem Beantworten aller Fragen umgedreht. Das verhindert das „Spicken" bei der nächsten Frage.

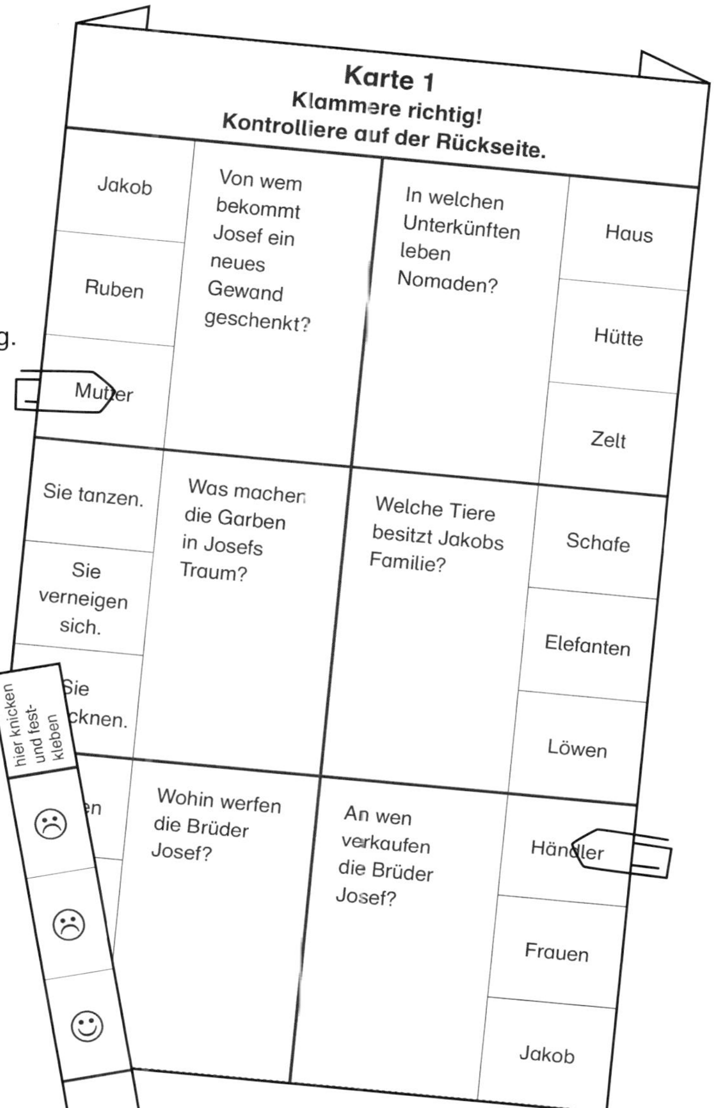

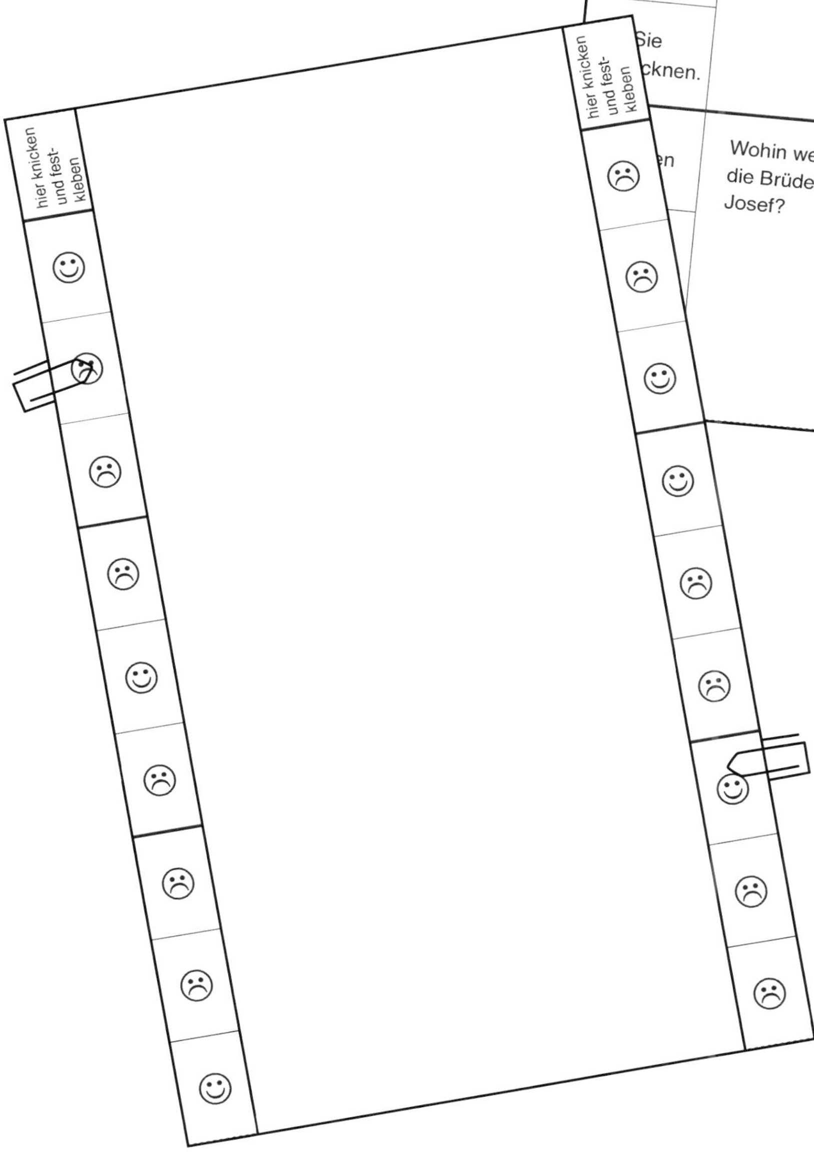

Klammerkarten (1/3)

hier knicken und fest-kleben

Karte 1
Klammere richtig!
Kontrolliere auf der Rückseite.

hier knicken und fest-kleben

☺	Jakob	Von wem bekommt Josef ein neues Gewand geschenkt?	In welchen Unterkünften leben Nomaden?	Haus	☹
☹	Ruben			Hütte	☹
☹	Mutter			Zelt	☺
☹	Sie tanzen.	Was machen die Garben in Josefs Traum?	Welche Tiere besitzt Jakobs Familie?	Schafe	☺
☺	Sie verneigen sich.			Elefanten	☹
☹	Sie vertrocknen.			Löwen	☹
☹	Brunnen	Wohin werfen die Brüder Josef?	An wen verkaufen die Brüder Josef?	Händler	☺
☹	See			Frauen	☹
☺	Zisterne			Jakob	☹

Klammerkarten (2/3)

hier knicken und fest-kleben	Karte 2 **Klammere richtig!** **Kontrolliere auf der Rückseite.**				hier knicken und fest-kleben
☹	Josefs Kette	Was zeigen die Brüder dem Vater, nachdem sie Josef verkauft haben?	Wer lügt und bringt Josef damit ins Gefängnis?	Potifars Diener	☹
☹	Josefs Hirtenstab			Potifar	☹
☺	Josefs blutiges Gewand			Potifars Frau	☺
☹	Handwerker	Als was wird Josef in Ägypten verkauft?	Worauf vertraut Josef im Gefängnis?	auf die Brüder	☹
☹	Händler			auf seinen Vater	☹
☺	Sklave			auf Gott	☺
☹	Josua	Wie heißt der Mann, bei dem Josef arbeitet?	Wer ist der Pharao?	König von Italien	☹
☺	Potifar			König von Ägypten	☺
☹	Simon			König von Israel	☹

Klammerkarten (3/3)

hier knicken und fest-kleben

Karte 3
Klammere richtig!
Kontrolliere auf der Rückseite.

hier knicken und fest-kleben

☹	von Schafen	Von welchen Tieren träumt der Pharao?	Der Pharao ernennt Josef zu seinem …	Stellvertreter	☺
☹	von Ziegen			Diener	☹
☺	von Kühen			Koch	☹
☹	7 gute Jahre	Was bedeuten die dürren Ähren in Pharaos Traum?	Was sollen die Brüder aus Ägypten holen?	Wasser	☹
☹	5 schlechte Jahre			Kleidung	☹
☺	7 schlechte Jahre			Getreide	☺
☹	Kirchen	Was lässt Josef bauen, damit niemand hungern muss?	Womit stellt Josef seine Brüder auf die Probe?	silberner Becher	☺
☺	Korn-speicher			silbernes Messer	☹
☹	Zisternen			goldene Kette	☹

Kennst du dich aus in der Josefsgeschichte? (1/2)

Name: .... Klasse: .... Datum: ....

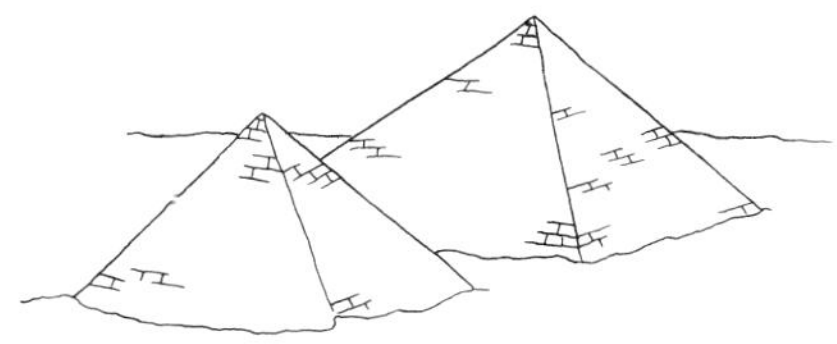

**1. Bestimmt kannst du dieses Rätsel lösen.
Das erste Wort ist schon eingetragen.**

❶. In diesem Land wurde Josef Stellvertreter des Königs.

❷. Die Brüder wurden beschuldigt, einen silbernen … gestohlen zu haben.

❸. So hieß Josefs Vater.

❹. Josef konnte die … des Pharao deuten und wurde Stellvertreter des Königs.

❺. Er war Josefs jüngster Bruder.

❻. Josef wurde sein ganzes Leben lang von … beschützt.

____ /5

				↓					
❶. ➡		Ä	G	Y	P	T	E	N	
❷. ➡		☐	☐	☐	☐	☐	☐		
❸. ➡				☐	☐	☐	☐	☐	
❹. ➡				☐	☐	☐	☐	☐	☐
❺. ➡	☐	☐	☐	☐	☐	☐	☐	☐	
❻. ➡				☐	☐	☐	☐		

Hast du das Lösungswort herausgefunden? ....

Kennst du dich aus in der Josefsgeschichte? (2/2)

2. Hier geht es um Gefühle. Beantworte die Fragen.

a) Wie hat sich Josef wohl gefühlt, als er vom Vater ein neues Gewand bekommen hat?

.... ___ /1

b) Sicher kannst du dich auch noch an die Gefühle der Brüder erinnern, als sie Josef in seinem neuen Gewand gesehen haben. Beschreibe.

.... ___ /1

3. Bist du ein Josef-Profi? Beantworte die Fragen.

a) Wie hieß der Mann, der Josef auf dem Sklavenmarkt kaufte?

.... ___ /1

b) Der Pharao träumte von 7 fetten Kühen, die von 7 mageren Kühen aufgefressen wurden. Er träumte auch von 7 fetten Ähren, die von 7 mageren Ähren aufgefressen wurden.
Wie hat Josef die Träume mit Gottes Hilfe gedeutet?

....

.... ___ /1

c) Josef hatte eine gute Idee, nachdem er die Träume des Pharao gedeutet hatte. Welche Idee war das?
(Tipp: Der Pharao fand die Idee so gut, dass er Josef zu seinem Stellvertreter ernannt hat.)

....

....

.... ___ /1

___ /10

Bild „Biblische Kleidung“

Weisen Sie die Kinder darauf hin, dass dieses Foto in der heutigen Zeit gemacht wurde.

Bilder „Josefs Träume“

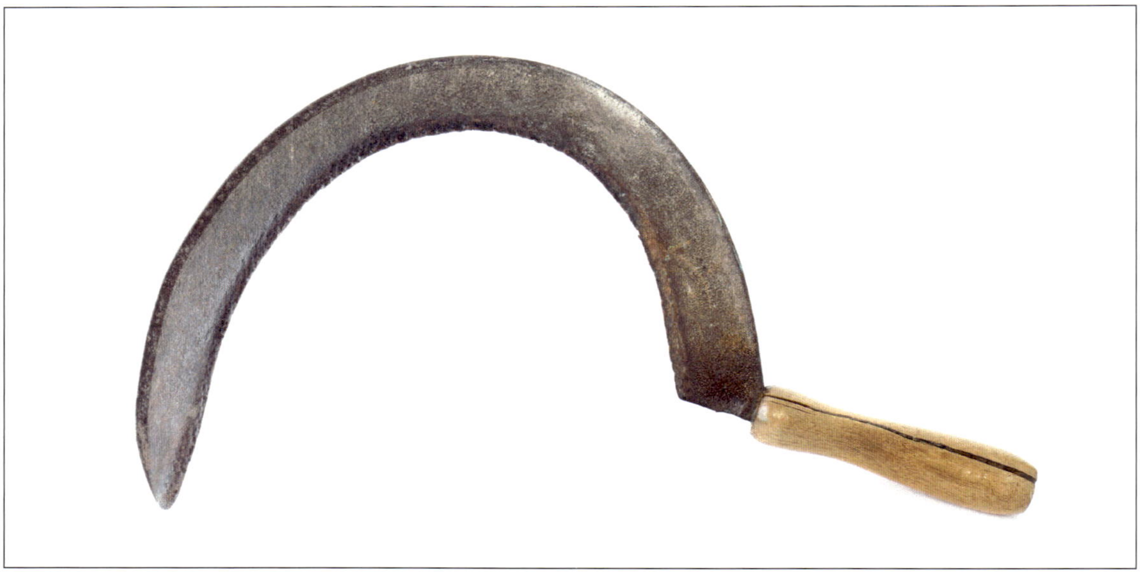

Bild „Zisterne in der Wüste“

Bilder „Erzählung“ (1/3)

© Mark Physsas – stock.adobe.com

© Coloures-Pic – stock.adobe.com

Bilder „Erzählung“ (2/3)

Bilder „Erzählung" (3/3)

© ESGatell – stock.adobe.com

© eugenesergeev – stock.adobe.com

Bilder „Puzzle und Erzählung“ (1/2)

Bilder „Puzzle und Erzählung“ (2/2)

© Douglas Freer – stock.adobe.com

© womue – stock.adobe.com